Personnes consacrées
dans une association
de fidèles

DU MÊME AUTEUR

Symbolisme nuptial et vie consacrée, Montréal, Bellarmin, 2006.

Le charisme: un visage évangélique à incarner et à manifester, Montréal, Bellarmin, 2004.

Vivre la différence, Montréal, Bellarmin, 2002.

Laïcs associés à un institut religieux, Montréal, Bellarmin, 2001.

Les charismes en vie consacrée, Montréal, Bellarmin, 2000.

Thèmes de vie consacrée, Montréal/Paris, Bellarmin/Cerf, 1998.

Le célibat religieux, Montréal/Paris, Bellarmin/Cerf, 1990.

La consécration religieuse: consécration baptismale et formes de vie consacrée, Montréal/Paris, Bellarmin/Cerf, 1988.

L'obéissance religieuse, Paris, Cerf, 1985 (épuisé).

La pauvreté religieuse, Paris, Cerf, 1981.

Laurent Boisvert

PERSONNES CONSACRÉES DANS UNE ASSOCIATION DE FIDÈLES

MÉDIASPAUL

Médiaspaul reconnaît l'aide financière du Gouvernement du Canada par l'entremise du Programme d'aide au développement de l'industrie de l'édition (PADIÉ), du Conseil des Arts du Canada et de la Société de développement des entreprises culturelles du Québec (SODEC) pour ses activités d'édition.

Conseil des Arts du Canada Canada Council for the Arts

Patrimoine canadien Canadian Heritage

Société de développement des entreprises culturelles Québec

Catalogage avant publication de Bibliothèque et Archives nationales du Québec et Bibliothèque et Archives Canada

Boisvert, Laurent, 1926-

Personnes consacrées dans une association de fidèles

Comprend des réf. bibliogr.

ISBN 978-2-89420-723-9

1. Communautés chrétiennes. 2. Engagement chrétien. 3. Consécration. 4. Voeux de religion. I. Titre.

BV4405.B64 2007 262'.26 C2007-941142-8

Composition et mise en page: *Médiaspaul*

Maquette de la couverture: *Maxstudy*

ISBN 978-2-89420-723-9

Dépôt légal — 3e trimestre 2007
Bibliothèque et Archives nationales du Québec
Bibliothèque et Archives Canada

3965, boul. Henri-Bourassa Est
Montréal, QC, H1H 1L1 (Canada)
www.mediaspaul.qc.ca
mediaspaul@mediaspaul.qc.ca

Médiaspaul
48, rue du Four
75006 Paris (France)
distribution@mediaspaul.fr

Imprimé au Canada — Printed in Canada

Mes remerciements
à Silvia Recchi pour
ses remarques judicieuses
et sa préface éclairante;
à Henri Éthier et René Bacon
pour leurs sages annotations
et leur encouragement.

PRÉFACE

Au sein du concile Vatican II, un éclairage s'était avéré nécessaire quant à la signification et à la portée théologique de la «consécration» propre à ceux qui pratiquent les conseils évangéliques, consécration qui ne pouvait plus être considérée comme le monopole de la vie religieuse traditionnelle. Les Instituts séculiers, en effet, avaient rendu plus urgente cette exigence d'éclaircissement et d'approfondissement.

Depuis lors, un long chemin a été parcouru. La théologie de la vie consacrée a connu un véritable développement de Vatican II à nos jours, en passant par les documents du magistère postconciliaire, le nouveau Code de droit canonique, et jusqu'à l'importante exhortation postsynodale *Vita consecrata* qui peut être vue comme l'aboutissement d'un long processus de réflexion et d'approfondissement.

La «consécration» de vie à l'intérieur des différents projets évangéliques est le concept-clé, sanctionné par le Code de l'Église lui-même, pour exprimer avec toute sa profondeur théologale l'expérience de ceux qui vivent la suite du Christ pauvre, chaste et obéissant. Cette consécration «démarre» avec l'appel divin qui invite à suivre les pas du Fils, en donnant la grâce pour y répondre, et elle s'accomplit dans l'adhésion du fidèle à cette invitation, adhésion accueillie et confirmée par le ministère de l'Église.

Le livre *Personnes consacrées dans une association de fidèles*, qui est d'une lecture agréable et d'un style grand public, veut rendre compte de cette réalité. L'auteur offre une analyse essentielle du sens et de la signification de la «consécration nouvelle et particulière» en rapport avec la consécration baptismale, en parcourant synthétiquement tout l'itinéraire à travers les formes institutionnelles de vie consacrée, officiellement reconnues par le droit ecclésial, et les nouvelles formes de vie organisées très souvent en associations de fidèles.

La réalité de la consécration par les conseils évangéliques étant un fait théologal avant de s'exprimer dans des formes canoniques et institutionnelles, celles-ci ne peuvent pas contenir la richesse de toutes ses expressions.

Il y a, en effet, une distinction à faire entre consécration de vie par la pratique effective des conseils évangéliques et la vie consacrée telle qu'elle est définie dans le Code de droit canonique. La première a une portée inévitablement plus vaste que la deuxième. La consécration «nouvelle et particulière» s'applique à tous ceux qui vivent, à l'intérieur des différents projets charismatiques, une pratique effective des conseils évangéliques; elle est une réalité théologale, de droit divin, structure constitutive de l'Église et qui ne pourra jamais manquer dans sa vie. Elle se retrouve dans les Instituts érigés canoniquement, dans les formes reconnues par le Code, ainsi que dans d'autres formes comme les associations de fidèles.

L'auteur de ce livre nous offre une réflexion et une analyse particulièrement importantes à un moment historique où nous assistons à une floraison de communautés nouvelles, de groupes, de mouvements, d'associations, sans précédent dans le passé.

Il nous aide à comprendre, à distinguer, à discerner. Un service ecclésial précieux pour les fidèles d'aujourd'hui.

Silvia Recchi
Communauté Redemptor hominis
Université Catholique d'Afrique Centrale

INTRODUCTION

Pour définir l'engagement de certains de leurs membres, nombre d'associations de fidèles utilisent les termes: profession, consécration, vœux, ou des équivalents. De plus, cet engagement est parfois émis au cours d'une célébration eucharistique et signifié par le port d'un habit semblable à celui des religieux et religieuses. D'où cette double question. les membres des associations de fidèles, qui s'engagent à la pratique des conseils évangéliques de chasteté dans le célibat, de pauvreté et d'obéissance, ont-ils une consécration semblable ou même identique à celle des personnes engagées dans les formes traditionnelles ou nouvelles de vie consacrée? Leur type d'existence est-il une forme canonique de vie consacrée? Étant donné que plusieurs communautés nouvelles ont le statut d'association de fidèles, ces questions concernent également ceux de leurs membres qui s'obligent par un vœu ou ses équivalents à la pratique des conseils évangéliques.

L'exhortation *Vita consecrata*[1], qui précise la différence entre la consécration baptismale et la consécration par la

---

[1] JEAN-PAUL II, Exhortation apostolique sur la vie consacrée *Vita consecrata*, 1996.

profession des conseils évangéliques, ne détermine ni la nature de l'engagement des membres de ces groupes, ni celle de leur forme de vie. Il appartient donc à ces derniers et à ceux qui s'intéressent à leur mode d'existence de le faire. Pas question de raboter ce qui se vit pour l'enfermer dans les catégories juridiques actuelles, d'étouffer son existence et d'entraver son évolution, mais de le percevoir le plus objectivement possible et de l'exprimer dans un langage approprié. La négligence à identifier et à reconnaître ce qu'il a de commun avec d'autres réalités et ce qui l'en distingue ne peut que le desservir.

Puisque le terme «consécration» désigne des réalités différentes et que l'expression «forme de vie consacrée» est diversement interprétée, il m'apparaît nécessaire, pour répondre valablement à la double question posée, de préciser la nature des consécrations personnelle, baptismale et particulière, et de présenter certaines de leurs concrétisations.

Voilà pourquoi, dans les pages qui suivent, je décris d'abord la consécration personnelle, motivée par des valeurs terrestres, et présente quelques-unes de ses actualisations. Vient ensuite la consécration baptismale et son expression filiale, fraternelle et apostolique dans la vie du fidèle. Le troisième chapitre traite de la consécration «nouvelle et spéciale» et de ses formes traditionnelles. Au chapitre quatre, je montre que cette même consécration existe aujourd'hui dans des formes nouvelles de vie consacrée officiellement reconnue. Enfin, à la lumière de ce qui précède, je réponds aux deux questions initialement posées.

1
CONSÉCRATION HUMAINE ET VALEURS TERRESTRES

Dans le langage courant, se consacrer signifie se dédier à, se donner à, se vouer à, se concentrer sur. Ainsi, on se consacre totalement ou partiellement, de façon permanente ou temporaire, au théâtre, à la musique, à l'écriture, à la politique, à l'économie, à l'écologie, etc. Et lorsqu'on affirme consacrer une partie de ses revenus aux pauvres, quelques heures par mois à une activité bénévole, trois semaines par année à des vacances, cela signifie mettre à part un revenu ou un temps pour les réserver à une fin précise.

Pour une personne, se consacrer totalement à une valeur terrestre veut dire concentrer sa vie sur elle, se dédier à son service. Cette consécration personnelle constitue une expérience humaine qu'on ne peut mettre sur le compte d'un comportement anachronique, d'une pensée désuète. Et sa compréhension facilite celle des diverses consécrations portant sur une valeur «religieuse».

Attrait et aptitudes

De façon habituelle, une personne se consacre à la réalisation d'une valeur terrestre parce qu'elle éprouve une attirance particulière pour elle, qu'elle en a une certaine connaissance et possède un minimum d'aptitudes pour la réaliser efficacement. Toutefois, l'expérience montre qu'on peut être attiré par la musique sans avoir les talents indispensables pour s'y consacrer avec succès. Comme on peut être attiré par le mariage (valeur terrestre) sans être capable d'établir de saines relations, d'aimer vraiment. La personne doit donc évaluer ses capacités avant de se consacrer à ce qui l'attire, sous peine de s'engager sur une voie qui risque de la conduire à des impasses, voire à un échec.

Vocation et projet

Telle personne peut même percevoir une valeur terrestre comme une invitation pressante à se tenir totalement à sa disposition. Elle se sent alors appelée à se mettre intégralement à son service, à la promouvoir de façon spécialisée à cause de ce qu'elle représente, de l'importance qu'elle revêt à ses yeux et pour l'humanité. Une sensibilité particulière pour cette valeur vitale la pousse à faire de sa réalisation le projet fondamental de sa vie. Il y a là comme une vocation parfois si urgente que la personne ne peut faire autrement que d'y répondre par un engagement total. Elle organise alors sa vie autour de cette valeur. Tout son être, ce qui inclut ses trois dynamismes fondamentaux (sexualité, possession, autonomie), est orienté vers sa recherche et sa promotion.

À égalité d'aptitudes, la personne qui se consacre à la réalisation d'une valeur obtient normalement un résultat supérieur à celui de la personne qui y engage peu de temps et d'efforts. Mais cette norme n'a rien d'absolu, puisqu'un être exceptionnellement doué, qui met peu de temps au service de la même valeur, peut la réaliser plus efficacement que celui qui s'y consacre tout entier avec des talents ordinaires. L'existence de ce dernier demeure pourtant un signe éloquent de l'importance de la valeur. Le fait que sa vie soit entièrement orientée vers elle et structurée autour d'elle est une invitation permanente, adressée à tous, à prendre conscience et à se soucier de cette valeur.

Renoncement et célibat

Lorsqu'une personne fait du service d'une valeur son projet fondamental de vie, elle accepte de renoncer à d'autres possibilités d'existence hautement valables. Ce qui peut aller jusqu'au sacrifice du mariage. Le célibat n'est pas alors choisi pour lui-même, mais comme un type d'existence humaine qui est intrinsèquement apte à favoriser la consécration à la valeur préférée. Il libère des soucis normaux inhérents au mariage et élimine certaines difficultés pouvant freiner l'engagement spécialisé pour cette valeur. À la différence du mariage qui, par nature, est orienté à l'accueil et au don mutuel des époux, à la procréation et à l'éducation des enfants, le célibat tire son sens du projet dans lequel il est inséré. Il offre une disponibilité et, selon l'usage qu'on en fait, reçoit une orientation spécifique. S'il prend un sens humain lorsqu'il tend à la réalisation de valeurs terrestres, il revêt un sens religieux lorsqu'il est immédiatement polarisé sur les réalités de la foi. La richesse de son sens correspond à celle de la valeur qu'il dessert.

Motivation et affaiblissement

La personne qui choisit de se consacrer totalement à la réalisation d'une valeur, à l'écologie par exemple, se donne un projet de vie spécifié immédiatement par cette réalité qui n'est pas directement «religieuse». Si elle est disciple du Christ, elle peut en outre donner à son projet une signification chrétienne. Mais c'est la valeur terrestre qui caractérise ce projet et motive d'abord la personne à le choisir. Le même raisonnement vaut pour le mariage. On n'engage pas sa vie avec un conjoint parce qu'on croit en Dieu, mais parce qu'on aime et qu'on désire normalement fonder une famille. Le mariage est une possibilité d'existence humaine et terrestre. Il est spécifié immédiatement par une valeur de la création, motivé par elle, même si les époux choisissent de le vivre «en vue du Royaume», comme un sacrement de l'Alliance entre le Christ et l'Église.

Un projet de vie centré sur la réalisation d'une valeur terrestre connaît un affaiblissement de sens si la personne n'est plus sous l'emprise de cette valeur, ni motivée par elle. Un pianiste de profession perd rapidement sa virtuosité si, au lieu de consacrer des heures par jour à la pratique de son instrument, il n'y accorde que de brefs moments, et à l'occasion. N'étant plus habité ni possédé par la musique, ne vivant plus sous son emprise, il abandonne graduellement ce qui constituait son projet de vie initial: une existence totalement consacrée à la musique. Même s'il continue d'apprécier cette valeur, son témoignage n'aura plus la même force, sa parole la même crédibilité.

En bref, se consacrer totalement à la réalisation d'une valeur terrestre, s'engager de façon spécialisée à son service, est une possibilité d'existence humaine. La personne qui fait de cette consécration son projet fondamental de vie, non seulement s'accomplit sur le plan humain, mais promeut la valeur à laquelle elle s'est vouée, puisqu'elle en devient un témoin particulier. Ce qui exige que cette valeur demeure vivante dans sa conscience et soit traduite dans son existence quotidienne.

2

CONSÉCRATION BAPTISMALE ET EXISTENCE CHRÉTIENNE

Le baptême de la foi, également appelé «baptême au nom de Jésus», «baptême de l'Esprit», «baptême et confirmation», «baptême-onction», incorpore au peuple de l'alliance qui est intégralement consacré à Dieu, voué au service du Royaume. Il «individualise en chaque chrétien la vocation collective du peuple saint[1]». Le baptisé est consacré à Dieu intégralement et définitivement. «Le dernier baptisé est aussi consacré que le pape, car il l'est totalement. On n'y pourra jamais rien ajouter[2].» Cette consécration ontologique et première comporte «une orientation fondamentale, qui arrache l'homme de l'emprise du mal pour l'ordonner à Dieu[3]». Désolidarisés de l'état de péché et orientés vers le Seigneur, justifiés, renouvelés, refaits intérieurement, en condition d'amitié

---

[1] S. Légasse, «La "vie consacrée" selon l'Écriture», *La vie des communautés religieuses*, nº 38, 1990, p. 303.

[2] Th. Rey-Mermet, *Croire*, t. 3: *Vivre la foi avec le concile Vatican II*, Paris, Droguet et Ardant, 1981, p. 329.

[3] S. Légasse, «La "vie consacrée" selon l'Écriture», p. 305.

avec Dieu, tous les fidèles sont désormais capables de vivre en fils et filles de Dieu, frères et sœurs du Christ, serviteurs et servantes du Royaume.

Fils et filles de Dieu

«Voyez quelle manifestation d'amour le Père nous a donnée pour que nous soyons appelés enfants de Dieu. Et nous le sommes.» (1 Jn 3, 1) Établis dans la condition de fils et filles de Dieu[4], mis en communion avec le trois fois Saint, les chrétiens ont à vivre comme il convient à des enfants de Dieu, à des saints (voir Ep 5, 3). Tous sont appelés à l'union avec Dieu, «à la plénitude de la vie chrétienne, et à la perfection de la charité» (LG 40b). Les paroles de Jésus: «Soyez parfaits comme votre Père céleste est parfait» (Mt 5, 48) s'adressent, comme don de Dieu, à tous ses disciples. Ils y répondent en empruntant des chemins et en utilisant des moyens différents. Aucun de ces chemins, fût-ce celui de la vie consacrée, ne constitue un modèle que devraient imiter ceux et celles qui suivent d'autres voies. Faire de l'aspiration à la perfection dans la charité une caractéristique des consacrés serait méconnaître «la vocation universelle à la sainteté» fortement prônée par Vatican II (LG chap. V). Les divers états de vie, égaux en dignité et possédant chacun une excellence objective, doivent être perçus, présentés et vécus dans leur complémentarité, sans hiérarchisation. Leur diversité s'enracine dans les dons de l'Esprit et les choix personnels.

---

[4] Voir Concile Vatican II, Constitution dogmatique *Lumen gentium*, 1964, 11a.

Consacré à Dieu par le baptême, chaque chrétien lui appartient intégralement à l'instar du Peuple dont il est membre. Il est appelé à vivre comme une personne qui ne s'appartient plus, dont l'existence est totalement pour le Seigneur. «Aucun d'entre nous, affirme saint Paul, ne vit pour soi-même, et aucun ne meurt pour soi-même: si nous vivons, nous vivons pour le Seigneur; si nous mourons, nous mourons pour le Seigneur. Dans notre vie comme dans notre mort, nous appartenons au Seigneur.» (Rm 14, 7-8) «Vivre uniquement pour Dieu, en Jésus Christ» est une «possibilité offerte à toute personne et à l'humanité entière» (VC 59b). Cette consécration spirituelle, cette oblation totale de soi par amour constitue l'exigence première de la condition de baptisé. Une exigence qui n'est pas réservée à une minorité de croyants. Il n'y a d'authentiques disciples de Jésus que dans une vie livrée à Dieu.

D'où ces paroles de saint Paul: «Je vous exhorte donc, frères, par la miséricorde de Dieu, à offrir vos personnes en hostie vivante, sainte, agréable à Dieu: c'est là le culte spirituel que vous avez à rendre.» (Rm 12, 1) Ce culte, que le Nouveau Testament requiert des disciples de Jésus, n'est pas synonyme de mise à part du profane, du séculier. Il ne se limite pas non plus à des gestes rituels, à des célébrations «religieuses». Il englobe tous les domaines de l'être et de l'agir des croyants: le social, le politique, le culturel, l'économique, etc. C'est toute l'existence quotidienne qui se trouve offerte dans un acte d'adoration, expression du sacerdoce des baptisés.

En raison de ce sacerdoce, chaque chrétien a le pouvoir de prendre sa vie et de l'offrir à Dieu. Personne ne peut le faire à sa place. Et lorsqu'il le fait, seul dans le secret de sa chambre, avec d'autres spécialement dans la célébration eucharistique, il pose l'acte le plus important du culte spirituel, sommet de la vie chrétienne. Dieu n'a d'agréable que le sacrifice dans lequel le croyant se livre à lui. Cette offrande, il peut la faire à tout moment du jour et de la nuit, et l'exprimer par des paroles telles que: «Entre tes mains, Seigneur, je remets ma vie.» Tout le reste: rites liturgiques, prières individuelles et communautaires, ministères de toutes sortes, doit favoriser et exprimer cette offrande.

Ajoutons que le temple dans lequel ce culte est rendu n'est autre que l'être même de la personne. Il n'est pas nécessaire d'aller sur la montagne ou d'entrer dans une église pour s'offrir au Seigneur, même si la montagne et le sanctuaire peuvent aider à le faire. Le temple vivant est plus important que le temple de pierre. À chaque instant, la nuit comme le jour, dans la joie comme dans la peine, le disciple du Christ peut poser cet acte éminent du sacerdoce des baptisés.

Ce faisant, il vit sa participation à l'Alliance entre l'Église et le Christ, il répond à l'Amour par l'amour. Les limites de sa pauvreté ne l'empêchent pas de tendre vers l'idéal proposé par Jésus: aimer Dieu de tout son cœur, de toute son âme et de toute sa force (voir Lc 10, 27). Ou pour employer les mots de saint Paul: être attaché au Seigneur sans partage (voir 1 Co 7, 35). Cet amour total, ce cœur non partagé n'est pas une exigence réservée à ceux qui s'engagent dans le célibat pour le Royaume. N'est-ce pas à l'intention de tous les membres de la communauté chrétienne que la liturgie formule ces prières: «Dieu, créateur et maître de toutes choses... accorde-nous de te servir avec un cœur sans partage» (Temps ordinaire,

XXIV, prière d'ouverture); «accorde-nous de pouvoir t'adorer sans partage» (Temps ordinaire, IV, prière d'ouverture); «fais-nous toujours vouloir ce que tu veux et servir ta gloire d'un cœur sans partage» (Temps ordinaire, XXIX, prière d'ouverture)?

Cet idéal, les baptisés sont appelés à le vivre dans des situations particulières et des services divers, selon les dons de l'Esprit, les vocations particulières et les choix personnels. Que ce soit dans le mariage ou dans le célibat pour le Royaume, ils doivent tendre vers cet amour total. En fait, chaque forme de vie comprend des membres qui aiment d'un cœur sans partage et d'autres qui ont le cœur partagé. Cela ne dépend pas de leur type d'existence, mais de l'harmonisation de leur conduite avec la volonté de Dieu.

Avoir pour Dieu un amour total implique qu'on le préfère à tout. D'où ces prières liturgiques que les chrétiens adressent à Dieu pour qu'il leur donne de l'aimer par-dessus tout. «Seigneur... répands en nos cœurs la ferveur de ta charité, afin que t'aimant en toute chose et par-dessus tout, nous obtenions de toi l'héritage promis qui surpasse tout désir.» (Temps ordinaire, XX, prière d'ouverture) «Dieu... nous t'en prions, que sans rien préférer à ton amour, nous avancions d'un cœur libre sur les chemins de tes commandements.» (Fête de saint Benoît, 11 juillet, prière d'ouverture)

Ne rien placer au-dessus ni à l'égal de l'amour de Dieu, tout lui subordonner, faire que ce tout soit imprégné et dynamisé par lui, constitue une exigence commune aux fils et filles de Dieu, bien qu'il soit demandé aux personnes consacrées de donner un témoignage prophétique de ce primat de Dieu «dans l'imitation du Christ chaste, pauvre et obéissant» (VC 85a). Aucune situation de vie ne monopolise cet amour de préférence, aucune n'en est dispensée. D'où l'importance de distinguer entre l'engagement sérieux à vivre en enfants de Dieu, et la modalité selon laquelle un croyant choisit de le faire en réponse aux dons de l'Esprit.

Frères et sœurs du Christ

Fils et filles de Dieu par adoption, incorporés au corps du Christ et participant à son Esprit, les baptisés forment une «fraternité» dont l'existence est affirmée dans l'Évangile (voir Mt 23, 8-12; Mc 3, 31-35) et qui était, jusqu'au Ve siècle, l'un des noms propres de l'Église. Cette fraternité continue d'être attestée par l'appellation de «frères» insérée dans les prières liturgiques, de «frères et sœurs» au début de plusieurs lettres pastorales.

Il s'agit d'une fraternité nouvelle, dont la valeur et les exigences dépassent celles de la fraternité humaine. Celle-ci demeure toutefois nécessaire pour que la fraternité chrétienne soit édifiée sur le roc, non sur le sable. On l'a répété: la grâce ne supprime pas la nature, elle se greffe sur elle et la complète. Par ailleurs, s'il est vrai qu'être chrétien est une manière d'être humain, il est également vrai qu'être chrétiennement fraternel est une manière d'être humainement fraternel. Il existe donc des façons d'être fraternel, différentes de celle enseignée dans l'Évangile et pratiquée par les disciples du Christ.

Dans la fraternité chrétienne, signe et instrument de la fraternité universelle, «il n'y a aucune inégalité au regard de la race ou de la nation, de la condition sociale ou du sexe, parce qu'il n'y a ni Juif ni Grec, ni esclave ni homme libre, ni homme ni femme» (LG 32b). Les baptisés sont membres d'une assemblée d'égaux et possèdent une dignité commune. En principe, aucun groupe de chrétiens n'est supérieur aux autres, et toute relation de soumission du type «maître» et «esclave», «seigneur» et «sujet» est exclue. Par contre, la diversité des personnes, des états de vie et des services doit être respectée. Sa méconnaissance ou sa négligence affaiblit la communion fraternelle dont l'authenticité exige le respect des différences, des identités, de l'altérité. L'égalité chrétienne n'est pas synonyme de nivellement, d'indifférenciation. Ce qui distingue ne doit pas être perçu comme une entrave à l'unité, puisque celle-ci n'est autre qu'une diversité harmonisée.

On continue de se questionner, et avec raison, sur l'égalité fraternelle entre les clercs et les laïcs, et de façon particulière entre les femmes et les hommes dans l'Église. Nombreuses sont les revendications légitimes de chrétiennes qui se sentent en condition discriminatoire par rapport à leurs frères dans le Christ. Tous les baptisés sont-ils vraiment des partenaires égaux qui participent dans des conditions diverses et des ministères différents à la vie et à la mission de l'Église? Est-on prêt à relever le défi de cette égalité officiellement enseignée et à en payer le prix? C'est un idéal qu'on n'atteindra peut-être jamais, mais qu'on a le devoir de poursuivre.

La fraternité nouvelle, fondée sur la filiation adoptive, a comme loi fondamentale: aimer comme Jésus a aimé (voir Jn 15, 12). Lui, qui est allé jusqu'à donner sa vie «alors que nous étions encore pécheurs» (Rm 5, 8), nous demande d'avoir un amour mutuel qui soit marqué par une «surabondance de gratuité», l'ampleur du don, la mesure débordante, non motivé par la seule attente du retour. Ce que la liturgie exprime en ces termes: «Donnez sans espérer de retour et vous serez les fils du Très-haut.» Ce que François d'Assise traduisait par ces mots: «Heureux le serviteur qui chérirait autant son frère lorsqu'il est malade et ne peut rien faire pour lui, que lorsqu'il est bien portant et peut le satisfaire[5].»

La miséricorde est un visage de cet amour qui doit animer les frères et les sœurs du Christ. Elle consiste, selon un exégète, à «traiter l'ennemi comme un frère alors même qu'il demeure ennemi, et qu'on subit sa violence, alors peut-être qu'on doit lui résister[6]». Pardonner signifie alors garder à l'égard de la personne qui offense une attitude fraternelle, même si elle entretient envers nous un sentiment et une attitude d'inimitié. Et ce pardon, à distinguer de l'oubli, ne doit comporter aucune limite de nombre. À l'opposé de Pierre qui se croyait généreux en fixant le pardon à sept fois, Jésus demande de pardonner soixante-dix fois sept fois, indéfiniment. Enraciné dans l'amour gratuit, le pardon ne peut être limité en nombre, ni davantage en fonction des personnes, incluant soi-même. Infini est le pardon du Père, indéfini doit être celui de ses enfants.

Puisque Dieu se réjouit avec le père dont l'enfant prodigue rentre à la maison (Lc 15, 11-32), avec le pasteur qui retrouve sa brebis égarée (Lc 15, 3-7), avec la femme qui recouvre sa drachme perdue (Lc 15, 8-10), ainsi, à la suite du Christ, ses enfants sont appelés à se réjouir lorsque leur pardon est accueilli. Et cela, non d'abord parce

---

[5] François d'Assise, *Écrits*, Paris, Cerf, 1981, p.113, admonition 24.

[6] J. Guillet, *Jésus devant sa vie et sa mort*, Paris, Aubier, 1971, p. 75.

que leur propre souffrance est amoindrie ou supprimée, mais parce que la communion avec Dieu et entre eux est rétablie. Cette joie est un fruit incontestable de l'Esprit.

L'amour exigé des frères et sœurs du Christ doit en outre être ouvert à l'universel. Exclure même l'ennemi de leur amour serait s'exclure de la plénitude de l'être chrétien. Toutefois, si un tel amour ne les empêche pas d'éprouver des sentiments de sympathie et d'antipathie, il interdit de limiter leur accueil, leur écoute, leur disponibilité, leurs services aux personnes qui leur conviennent, en excluant celles qui ne leur reviennent pas. Martin Luther King avait raison d'écrire: «La sympathie est un sentiment d'affection, et il m'est impossible d'avoir un sentiment de sympathie pour quelqu'un qui bombarde mon foyer. Il m'est impossible d'avoir de la sympathie pour quelqu'un qui m'écrase sous l'injustice. Non, aucune sympathie n'est possible. Aucune sympathie n'est possible envers quelqu'un qui, jour et nuit, menace de me tuer. Mais Jésus nous rappelle que l'amour est plus grand que la sympathie, que l'amour est une bonne volonté compréhensive, créatrice, rédemptrice, envers tous les hommes[7].»

Serviteurs et servantes du Règne

Selon Vatican II, «l'Église est faite pour étendre le Règne du Christ à toute la terre, pour la gloire de Dieu le Père; elle fait participer ainsi tous les hommes à la rédemption et au salut; par eux elle ordonne en vérité le monde

---

[7] M. LUTHER KING, *La seule révolution*, Paris, Casterman, 1967, p. 109-110.

entier au Christ». Sa mission consiste donc à «affermir et étendre le Règne du Christ» (VC 78c), qui est un Règne de communion avec Dieu et le prochain, dans l'amour. La relation étroite entre cette double communion et la mission a été clairement établie et bellement formulée par Jean-Paul II: «La communion représente la source et tout à la fois le fruit de la mission: la communion est missionnaire et la mission est pour la communion[8].» La mission passera, car elle est inhérente à l'Église pérégrinante, mais la communion dans l'amour de Dieu et du prochain ne passera pas.

À l'apostolat, qui est «la participation à la mission salutaire de l'Église», tous les fidèles «sont députés par le Seigneur, par le baptême et la confirmation» (LG 33b). Coresponsables de cet apostolat, tous sont appelés à y contribuer selon des modalités diverses et complémentaires. Aucun groupe de baptisés ne le monopolise. L'existence chrétienne, dans sa nature même, a une dimension apostolique qui est articulée sur ses dimensions de communion avec Dieu et de communion fraternelle. Et c'est d'abord par le témoignage de sa vie que le fidèle collabore à l'apostolat de l'Église, participe à sa mission. «Avant d'être une action, la mission est un témoignage et un rayonnement[9].»

Les différentes façons de participer à la mission de l'Église dépendent «des circonstances dans lesquelles elle est réalisée[10]», de «la diversité des vocations, des charis-

---

[8] JEAN-PAUL II, Exhortation apostolique *Christifideles laici*, 1988, 32d.

[9] JEAN-PAUL II, Lettre encyclique *Redemptoris missio*, 1990, 26b.

[10] Congrégation pour les Instituts de vie consacrée et les Sociétés de vie apostolique (CIVCSVA) et Sacrée congrégation pour les évêques (SCE), document *Mutuæ relationes*, 1978, 17A.

mes et des ministères» (VC 31b). Selon la volonté du Seigneur Jésus, il existe trois vocations: «vocations à la vie laïque, au ministère ordonné et à la vie consacrée» (VC 31c). Et correspondant à ces vocations, «trois états de vie fondamentaux» (VC 32a) que Jean-Paul II affirme être constitutifs de l'Église. «La conception d'une Église composée uniquement de ministres sacrés et de laïcs ne correspond pas aux intentions de son divin fondateur telles qu'elles apparaissent dans les évangiles et les autres écrits du Nouveau Testament[11].» (VC 29c) Ce qui signifie que la vie consacrée, à l'instar de la vie laïque et du ministère ordonné, est une structure d'Église. «Autant dire qu'il n'y a pas d'Église sans vie consacrée[12].» De plus, sa durée est identique à celle de l'Église elle-même. Présente dès les origines, la vie consacrée «ne pourra jamais faire défaut à l'Église, en tant qu'élément constituant et irremplaçable qui en exprime la nature» (VC 29b).

---

[11] «Il y a, dans cette phrase, un dépassement des affirmations conciliaires de *Lumen gentium* 43 qui disait: "Cet état de vie, compte tenu de la constitution divine et hiérarchique de l'Église, ne se situe pas entre la condition du clerc et celle du laïc: Dieu y appelle des fidèles de l'une et l'autre condition, pour jouir dans la vie de l'Église de ce don spécial et servir la mission salutaire de l'Église chacun à sa manière." Au synode, quelques évêques s'appuyaient sur ce texte — et aussi sur le canon 207 — pour demander que l'on ne parle pas de trois états de vie; mais il est évident que le pape a préféré s'appuyer sur *Lumen gentium* 13, où il est question "d'ordres variés dont se compose le peuple de Dieu".» (B. SECONDIN, *Le parfum de Béthanie. L'exhortation postsynodale sur la vie consacrée*, Bruxelles, Lessius, 1998, p. 58-59. Dans le même sens, voir A. PARDILLA, «Orientamenti biblici, teologici e canonici del cardinale J. Ratzinger e di Benedetto XVI sulla vita consacrata», dans *Commentarium pro religiosis et missionariis*, 2006, Fasc. I-II, p. 27.

[12] B. SECONDIN, *Le parfum de Béthanie*, p. 50.

Dans son message du 14 septembre 2004 sur l'évêque et la vie consacrée, le cardinal F. Rodé, préfet de la CIVCSVA, a insisté sur le fait que la vie consacrée est une structure d'Église, non une réalité marginale, une simple structure dans l'Église. «Le Christ [...] a voulu cette forme de vie stable dans l'Église. Elle ne peut être considérée comme une réalité accessoire, mais véritablement comme une des structures fondamentales et constitutives de l'Église, dans son essence et sa nature. Dans *Vita consecrata* ainsi que dans *Christifideles laici*, de même que dans *Pastores dabo vobis*, trois vocations sont désignées comme constitutives de l'Église: la vie laïque, le ministère ordonné, la vie consacrée. Et en relation avec ces trois vocations paradigmatiques dans l'Église, sont constitués trois états de vie fondamentaux[13].» Bien des choses peuvent disparaître dans l'Église, mais ces trois vocations et états de vie ont une promesse de pérennité. Par contre, aucune des formes que la vie consacrée a prise ou prendra dans l'histoire ne possède cette garantie.

Bien qu'il faille éviter de durcir la distinction des états de vie, le refus de préciser leur spécificité et leur rapport d'unité ne peut qu'accentuer la confusion sur leur rôle respectif dans l'édification du Royaume. Lorsque l'exhortation *Vita consecrata* détermine ce qui caractérise chacun des états de vie, elle a soin d'ajouter que ce qui caractérise n'est pas forcément exclusif. Une nuance qui n'est pas toujours retenue. Ainsi, «les laïcs ont comme caractéristique propre, mais non exclusive, la sécularité, les pasteurs

---

[13] F. Rodé, «Obispo y vida consagrada en la Iglesia communion y misión», *Informationes*, n° 2, 2004, p. 51.

la charge du ministère, les consacrés, la conformation spéciale au Christ chaste, pauvre et obéissant» (31d).

La sécularité, propre aux fidèles laïcs, n'est donc pas monopolisée par eux, pas plus d'ailleurs que l'ecclésialité par les personnes consacrées. Reprenant l'affirmation de Paul VI, Jean-Paul II écrit dans *Christifideles laici*: L'Église «a une authentique dimension séculière, inhérente à sa nature et à sa mission, dont la racine plonge dans le mystère du Verbe incarné, et qui s'est réalisée sous des formes diverses pour ses membres» (15d). Et il conclut: «Tous les membres de l'Église participent à sa dimension séculière, mais cela de façons diverses. En particulier la participation des fidèles laïcs a une modalité de réalisation et de fonction qui, selon le Concile, leur est "propre et particulière": c'est cette modalité que l'on désigne du nom de "caractère séculier".» (15f) Cette présentation ne comporte aucune appropriation ni dévalorisation de la sécularité.

Pour leur part, les clercs ont comme caractéristique propre, mais non exclusive, «la charge du ministère» (VC 31d). Ils n'accaparent pas l'ensemble des ministères à l'intérieur de l'Église, mais assument et exercent ceux qui exigent des pouvoirs spéciaux conférés par le sacrement de l'Ordre. Appelés à remplir des fonctions au service de la communauté ecclésiale, de sa mission évangélisatrice, les autres fidèles accomplissent différents ministères non ordonnés auxquels ils sont députés par le baptême et la confirmation.

Quant aux personnes ayant une consécration «nouvelle et spéciale», elles ont comme caractéristique propre, mais non exclusive, «la conformation spéciale au

Christ chaste, pauvre et obéissant» (VC 31d). Se conformer au Christ ne leur est pas réservé, puisque tous les fidèles sont appelés à le suivre et à épouser ses sentiments. La vie du Christ est normative pour tous ses disciples, même si certains d'entre eux ont comme vocation spéciale de mettre leur existence au service du Royaume de Dieu «en quittant tout et en imitant de près sa forme de vie» (VC 14a). La chasteté, la pauvreté et l'obéissance, aspects concrets et déterminants de la vie consacrée, mais non les plus importants, ne sont pas le monopole des personnes consacrées. Il s'agit de réalités humaines positives et de valeurs évangéliques fondamentales. Seule la manière de les actualiser, correspondant à un projet et un engagement spécifiques, caractérise les consacrés[14].

En bref, comme fils et filles de Dieu, tous les fidèles sont appelés à la perfection de la charité, à faire de leur vie une offrande agréable à Dieu. Comme frères et sœurs du Christ, ils forment une fraternité d'égaux ayant la même dignité et la même loi fondamentale: aimer comme Jésus a aimé. Comme serviteurs et servantes du Règne, ils participent à la mission de l'Église selon des modalités diverses, correspondant aux dons de l'Esprit, aux conditions de vie et à différents ministères. Aucune des dimensions filiale, fraternelle et apostolique n'est réservée à un groupe de baptisés. Elles sont essentielles à toute existence chrétienne parce qu'elles le sont à l'Église que l'exhortation *Christifideles laici* présente comme mystère, communion et mission.

---

[14] Ce que j'ai développé dans *Vivre la différence*, Montréal, Bellarmin, 2002.

3
CONSÉCRATION PARTICULIÈRE ET FORMES TRADITIONNELLES

Les pères du synode sur la vie consacrée (1994) ont demandé au pape Jean-Paul II que soient clarifiées la «différence et la relation entre la consécration baptismale et la consécration par la profession des conseils évangéliques[1]». Ce qu'il a fait dans l'exhortation apostolique *Vita consecrata*. Les pages suivantes présentent cette consécration «nouvelle et spéciale», ainsi que ses formes traditionnelles.

Consécration particulière

Le concile Vatican II a reconnu, outre la réalité de la consécration baptismale commune aux fidèles, l'existence d'une «consécration particulière» chez les personnes qui dédient toute leur existence au service de Dieu[2]. Trente ans plus tard, cet enseignement conciliaire est repris dans

---

[1] Proposition 3d.

[2] Voir décret *Perfectæ caritatis* sur la rénovation et l'adaptation de la vie religieuse, 1965, 5a.

Vita consecrata. Après avoir présenté la consécration baptismale comme l'inauguration de l'union intime avec le Christ (30a), le pape affirme que «les personnes consacrées, qui s'engagent dans les conseils évangéliques, reçoivent une consécration nouvelle et spéciale» (31d). Depuis, cette expression se retrouve dans divers documents romains, dont *Repartir du Christ*[3], et dans nombre d'écrits théologiques et canoniques sur la vie consacrée.

Entre la consécration baptismale et cette consécration particulière existe un lien étroit. Selon *Perfectæ caritatis*, la consécration religieuse «s'enracine profondément dans la consécration du baptême, et l'exprime avec plus de plénitude» (5a). D'après *Vita consecrata*, «la profession religieuse est considérée comme un approfondissement unique et fécond de la consécration baptismale» (30c). Articulée sur la consécration baptismale et située au cœur du Peuple de Dieu, la consécration particulière ne constitue ni une exigence ni «une conséquence nécessaire» de la consécration baptismale (30b). Elle n'est pas davantage une exigence normale «de la consécration propre à la confirmation» (30d). Le seul fait d'avoir reçu le baptême et de vivre sérieusement l'Évangile, de se comporter en authentique disciple du Christ, d'aimer Dieu de tout son cœur et de le préférer à tout, n'est pas «en soi» un appel à la vie consacrée et n'habilite pas nécessairement à cette forme d'existence chrétienne.

La consécration par la profession des conseils évangéliques «touche» l'ontologie du fidèle, mais d'une manière charismatique et non sacramentelle. Se situant au niveau

---

[3] CIVCSVA, Instruction *Repartir du Christ*, 2002, 20c.

d'une manière de vivre en disciple du Christ, elle a comme exigence première l'engagement dans le célibat pour le Royaume. «La chasteté parfaite pour le Royaume, considérée à bon droit comme la *porte* de toute la vie consacrée, fait partie de l'enseignement constant de l'Église.» (VC 32c) Il s'ensuit qu'on ne peut «faire entrer dans la catégorie spécifique de la vie consacrée» les couples chrétiens qui «confirment par un vœu le devoir de la chasteté propre à la vie conjugale et, sans négliger leurs devoirs envers leurs enfants, professent la pauvreté et l'obéissance» (VC 62d).

La consécration baptismale et la consécration nouvelle supposent deux vocations distinctes, chacune impliquant des dons particuliers de l'Esprit. Justifiés dans le Christ Jésus et devenus vrais fils de Dieu dans le baptême de la foi (voir LG 41a), tous les fidèles sont appelés à la perfection de vie avec Dieu, à la communion fraternelle et au service de la mission. Rien n'est plus important pour eux que de répondre à cette vocation, et tout doit y contribuer. Toutefois, certains disciples reçoivent un appel spécial qui consiste «non seulement à accueillir le Royaume de Dieu dans leur vie, mais aussi à mettre leur existence au service de cette cause, en quittant tout et en imitant de près sa forme de vie» (VC 14a). Il s'agit d'un «don de Dieu particulier qui n'est pas accordé à tous, ainsi que Jésus lui-même le souligne dans le cas du célibat volontaire (voir Mt 19, 10-12)» (VC 30b).

Suite du Christ

En vertu de leur consécration baptismale, tous les fidèles sont appelés à suivre le Christ. Jean-Paul II le rappelle dans *Vita consecrata*: La lumière de la Transfiguration «éclaire ses fils [de l'Église], tous également appelés à suivre le Christ en fondant sur Lui le sens ultime de leur vie» (VC 15c). Plus loin: «À l'image de Jésus [...], ceux que Dieu appelle à sa suite sont eux aussi consacrés et envoyés dans le monde pour imiter son exemple et poursuivre sa mission. Cela s'applique à tous les disciples en général.» (VC 72a) Fondamentale et générale, cette *sequela Christi* est, selon l'enseignement de l'Évangile, la norme ultime de toute vie chrétienne. Ses diverses formes d'actualisation ne doivent jamais prendre le pas sur elle, mais lui être subordonnées et l'exprimer. Ce qui vaut évidemment pour la vie consacrée, perçue et présentée comme une *sequela Christi* particulière.

Selon Vatican II, les personnes qui s'engagent dans la vie consacrée suivent le Christ «de plus près» (LG 42d). Cette expression a été reprise par Jean-Paul II, en novembre 2004, dans son message au congrès international sur la vie consacrée au XXIe siècle. Elle ne désigne pas nécessairement une existence personnelle plus sainte, plus conforme à l'Évangile, mais une forme de vie qui rend présente celle du Christ. Les personnes consacrées cherchent «à reproduire en elles-mêmes, dans la mesure du possible, la forme de vie que le Fils de Dieu a prise en entrant dans le monde (LG 44c)» (VC 16c). Elles s'engagent «à adopter la forme de vie pratiquée personnellement par Jésus et proposée par lui à ses disciples» (VC 31d). La vie de ces personnes constitue «une mémoire vivante du mode d'existence et d'action de Jésus» (VC 22b).

Or, d'après l'*Instrumentum laboris* préparatoire au synode sur la vie consacrée, «la façon de vivre de Jésus n'est pas calquée sur les exigences et sur le développement des dynamismes naturels, mais directement sur les valeurs du Royaume et donc sur le dépassement de ces biens qui, dans le plan ordinaire du Créateur, servent à l'homme pour grandir et s'épanouir. Il ne vise pas autre chose que les biens du Royaume auquel il appartient[4]». Le mode de vie du Verbe incarné n'est pas structuré à partir des exigences et du développement des trois grands dynamismes naturels que sont la sexualité, le désir légitime de posséder et celui de décider de sa vie de manière indépendante (voir VC 87), comme c'est le cas pour la majorité des êtres humains. Il est centré immédiatement sur le Père et son Règne, organisé en fonction de la communion avec Dieu et du service de son dessein. Telle est aussi la forme d'existence des personnes consacrées. Elles «ne vivent que pour Dieu seul. Elles ont en effet dédié toute leur vie à son service» (PC 5a). Et selon leur type d'existence, elles font voir «le Christ contemplant sur la montagne, ou annonçant aux foules le Royaume de Dieu, ou guérissant les malades et les blessés, et convertissant les pécheurs à une vie meilleure, ou bénissant les enfants et faisant du bien à tous» (LG 46a). En somme, les personnes consacrées actualisent et manifestent de manière particulière, selon leur charisme fondateur, tel ou tel aspect du mystère du Christ.

Radicalisme

La vie consacrée, faut-il le rappeler, ne monopolise pas le radicalisme évangélique, puisqu'il est une compo-

---

[4] *Instrumentum laboris*, 1994, 51b.

sante fondamentale de la *sequela Christi* commune aux baptisés. Jean-Paul II l'affirme clairement dans *Pastores dabo vobis*: «Pour tous les chrétiens sans exception, le radicalisme évangélique est une exigence fondamentale et irremplaçable, qui découle de l'appel du Christ à le suivre et à l'imiter, en vertu de l'étroite communion de vie avec lui, opérée par le Saint-Esprit[5].» C'est une conclusion à laquelle Thaddée Matura était parvenu, après avoir analysé les exigences que Jésus propose à ses disciples. Il écrivait: «Le radicalisme évangélique pris dans tous ses éléments, resitués dans leur milieu et bien compris, n'est, ni dans l'évangile ni aujourd'hui, l'apanage d'un groupe. Il concerne également tous les croyants[6].» En effet, la vocation des baptisés à suivre le Christ inclut le radicalisme évangélique qui n'est rien d'autre que les «arêtes tranchantes» de son message. La suite du Christ ne connaît d'autre loi et n'a d'autre mesure que l'amour radical de Dieu et du prochain. Ce qui signifie: aimer Dieu de tout son cœur, préférer le Christ à tout, aimer les autres comme lui-même les a aimés.

Par ailleurs, il est un radicalisme particulier à la vie consacrée qui se diversifie selon les diverses formes de cette *sequela Christi*. Ainsi, concentrer son existence de manière exclusive, totale et inconditionnelle, sur Dieu et la réalisation de son dessein, renoncer aux poussées et exigences naturelles des trois grands dynamismes de la personne, mener la vie fraternelle en commun qui est «une

---

[5] Jean-Paul II, Exhortation apostolique *Pastores dabo vobis*, 1992, 27b.

[6] T. Matura, *Le radicalisme évangélique. Aux sources de la vie chrétienne*, Cerf, 1978, p. 202.

radicalisation de l'esprit fraternel qui unit tous les chrétiens[7]», vivre dans un espace réduit si on est contemplatif, ou en solitaire si on est ermite, etc. Mais à l'instar de la vie consacrée, les autres formes de vie chrétienne comportent elles aussi des exigences «pointues» qui s'ajoutent au radicalisme de la vie chrétienne elle-même. Inutile de comparer ces radicalismes particuliers et de tenter de les hiérarchiser. Le fidèle engagé dans la vie consacrée a facilement l'impression que les exigences de sa forme de vie sont plus grandes que celles, par exemple, de la vie conjugale et familiale. Ce qui est loin de correspondre à une perception objective de la réalité et à l'expérience. «La fidélité du couple comporte [elle aussi] une radicalité certaine[8].»

Excellence

À trois reprises, *Vita consecrata* mentionne l'excellence de la vie consacrée: «excellence concrète» (18c), «excellence objective» (32b), «excellence évangélique» (105c). Cette vie est excellente, comme peuvent être excellents un spectacle, un vin, une musique, etc. Cette excellence, traduction du terme latin *præstantia*, lui vient d'abord du fait qu'elle est «profondément enracinée dans l'exemple et l'enseignement du Christ Seigneur» (VC 1a), et a été fondée par Jésus lui-même. Selon Jean-Paul II: «Jésus lui-même, en appelant certaines personnes à tout abandonner pour le suivre, a inau-

---

[7] CIVCSVA, *La vie fraternelle en communauté*, 1994, 10d.

[8] L. Audet, «Personnes consacrées et laïques associés», *En son Nom*, n° 67, 2007, p. 107.

guré cet état de vie qui, sous l'action de l'Esprit, allait se développer progressivement au cours des siècles, sous les différentes formes de vie consacrée.» (VC 29c) Fondateur de la vie consacrée, Jésus n'est pas pour autant l'instaurateur de ses diverses formes. Elles sont le fruit de l'initiative de personnes désireuses de vivre sérieusement l'Évangile, et de leur ratification par l'autorité de l'Église. D'où l'importance de distinguer la fondation de la vie consacrée et son organisation, la première étant divine, la seconde humaine et ecclésiale.

La vie consacrée est aussi excellente parce qu'elle adopte et reproduit, dans la mesure du possible, «la forme de vie pratiquée personnellement par Jésus et proposée par lui à ses disciples» (VC 31d). Elle «constitue en vérité une mémoire vivante du mode d'existence et d'action de Jésus comme Verbe incarné» (VC 22c). «Elle est tradition vivante de la vie et du message du Sauveur.» (*Ibid.*) Mais la vie consacrée, si proche soit-elle du mode de vie du Christ, ne le reproduit jamais parfaitement.

La vie consacrée est en outre excellente parce qu'elle constitue non seulement une structure dans l'Église, à laquelle on la réduit parfois, mais une structure d'Église, c'est-à-dire une composante essentielle de sa constitution, bien qu'elle ne fasse pas partie de sa structure hiérarchique. Rappelons ce texte majeur, cité au chapitre précédent: «La conception d'une Église composée uniquement de ministres sacrés et de laïcs ne correspond pas aux intentions de son divin fondateur telles qu'elles apparaissent dans les évangiles et les autres écrits du Nouveau Testament.» (VC 29c) La vie consacrée étant constitutive de l'Église, à l'instar de la vie laïque et du ministère ordonné, elle est «présente dès les origines, et ne pourra jamais faire défaut à l'Église, en tant qu'élément constituant et irremplaçable qui en exprime sa nature» (VC 29b). Elle a une promesse de pérennité qu'aucune de ses formes ne peut revendiquer.

Enfin, la vie consacrée est excellente parce qu'elle est une réponse d'amour à l'Amour, réponse qui, intentionnellement du moins, se veut totale, inconditionnelle et perpétuelle. La motivation de son choix n'est pas fondée sur des valeurs philanthropiques ou sociologiques, mais sur l'attrait du Christ et de son Règne, sur la relation personnelle avec lui et la réalisation de son dessein. En somme, il s'agit de vivre la passion pour le Christ et l'Évangile.

Agents

La question est de savoir qui effectue la consécration «nouvelle et particulière». En se basant sur Vatican II, certains affirment que c'est Dieu. D'autres, en se fondant sur *Vita consecrata*, soutiennent que c'est la personne. Jusque-là, on n'a pas réussi à prouver que la consécration «nouvelle et spéciale» doit être attribuée à Dieu *ou* à l'homme[9]. L'examen des textes officiels m'amène à présenter les agents de la consécration particulière non dans cette perspective de choix et d'exclusion, mais dans une perspective d'inclusion et d'accentuation.

D'après l'exhortation *Evangelica testificatio*, trois agents participent à cette consécration. «C'est par une libre réponse à l'appel de l'Esprit Saint que vous avez

---

[9] B. SECONDIN, *Le parfum de Béthanie*, p. 60.

résolu de suivre le Christ en vous consacrant totalement à lui [...]. Telle est votre consécration, qui s'accomplit dans l'Église et par son ministère, à la fois celui de ses représentants qui reçoivent les professions religieuses, et celui de la communauté chrétienne dont l'amour reconnaît, accueille, porte et enveloppe ceux qui se donnent à elle[10].» L'Esprit appelle, la personne se consacre (répond), l'Église reçoit cette consécration par ses ministres. Ce rôle de l'Église avait été précisé dans *Lumen gentium*: «C'est l'Église en effet qui, par l'autorité qui lui a été conférée par Dieu, reçoit les vœux des profès, demande pour eux à Dieu, par sa prière publique, le secours de sa grâce, les recommande à Dieu, et leur accorde une bénédiction spirituelle, unissant leur oblation au sacrifice eucharistique.» (45c)

L'*Instrumentum laboris* affirme aussi l'existence de trois agents. «La consécration comporte une grâce de choix et un don particulier de l'Esprit qui prend possession de la personne, la configure au Christ et la rend capable de vivre selon les conseils évangéliques, dans la ligne de son charisme propre; mais c'est aussi, en réponse, un don de soi, qui est accepté et reconnu par le ministère de l'Église.» (50b) Au don de l'Esprit, qui rend la personne capable de vivre selon les conseils, correspond le don de la personne que l'Église, par son ministère, accepte et reconnaît. L'Esprit donne, la personne se donne, l'Église accepte ce don. Ce qui correspond aux trois dimensions fondamentales de la consécration par la profession des conseils: divine, personnelle et ecclésiale.

---

[10] Paul VI, Exhortation apostolique *Evangelica testificatio*, 1991, 7ab.

Les textes du magistère soulignent parfois l'une et parfois l'autre de ces dimensions en mettant l'accent sur l'un ou l'autre des agents. Ainsi, le *Rituel de la consécration des vierges* (1970) fait ressortir l'agir de l'*Esprit*. «C'est l'Esprit qui suscite le désir d'une réponse totale; c'est lui qui accompagne la croissance de ce désir, portant à son terme la réponse affirmative et soutenant ensuite son exécution fidèle; c'est lui qui forme et façonne l'esprit de ceux qui sont appelés, en les configurant au Christ chaste, pauvre et obéissant, et en les poussant à faire leur sa mission.» (19b) Par contre, dans une dizaine de passages de *Vita consecrata*, qu'il serait trop long de citer, l'accent est mis sur la *personne*: elle «se consacre[11]». D'autres textes officiels soulignent le rôle du ministère de l'*Église*. À titre d'exemple: Les religieux «sont consacrés à Dieu par le ministère de l'Église» (can. 654). Et dans *Redemptionis donum*: «Vous avez été consacrés à Dieu par le ministère de l'Église[12].»

Cette diversité d'accents se retrouve dans les Constitutions des Instituts de vie consacrée. Ainsi: les personnes «se consacrent totalement à Dieu», «se livrent à Dieu». Dieu les «met à part», les «consacre à Lui»; elles sont «appelées, choisies et consacrées par Dieu». Elles sont «consacrées par le ministère de l'Église», «par l'Église». Ces divers accents peuvent susciter chez les personnes consacrées des sentiments divers. Ainsi, le sentiment d'être privilégiées pour avoir été consacrées par

---

[11] Voici les références de ces textes: 7d, 9a, 10c, 17a, 28d, 65a, 66a, 68c, 95b, 104d, 105a.

[12] JEAN-PAUL II, Exhortation apostolique *Redemptionis donum*, 1984, 7a.

Dieu. Le sentiment de responsabilité pour s'être consacrées en toute conscience et liberté. Le sentiment d'être en communion particulière avec l'Église pour avoir été consacrées par son ministère. Ces divers sentiments peuvent et devraient coexister dans chaque personne, quel que soit l'agent accentué. Mais le sentiment de supériorité doit toujours être exclu.

Mission

Il existe entre la consécration et la mission une unité étroite, un lien indissoluble. La mission est une dimension essentielle de la consécration, une composante fondamentale de sa définition. De même que le Christ «est à la fois consacré à la gloire du Père et envoyé au monde pour le salut de ses frères et de ses sœurs» (VC 72c), ainsi certains fidèles sont engagés dans une vie «totalement donnée à Dieu et à leurs frères» (VC 76). Ils sont voués «au Seigneur et à son Évangile» (VC 81a), consacrés à ce Dieu dont le visage est tourné vers les hommes et le dessein tendu vers leur réconciliation avec lui. Bien que la consécration pousse à la mission et que la mission alimente la consécration, il faut reconnaître à la consécration une priorité sur la mission, comme on reconnaît une priorité de l'être sur le faire, de la dimension contemplative sur la dimension apostolique de la vie chrétienne.

La mission, redisons-le, ne s'identifie ni avec les œuvres ni avec les ministères qui contribuent à son accomplissement. Ces activités ne lui sont pas étrangères, en particulier dans les formes apostoliques de vie consacrée, puisqu'elles constituent l'une de leurs façons d'y participer. Mais la qualité de cette participation dépend en premier lieu de la conformation de la vie au Christ, de l'existence «christifiée» qui est d'ailleurs le but immédiat et fondamental de la consécration. Bien qu'elle soit source de l'activité apostolique, cette consécration ne peut devenir instrument pour autre chose, pas même pour l'apostolat.

La vie consacrée est en elle-même mission. Son importance se situe «au-delà des estimations superficielles en fonction de l'utilité» (VC 105a). Sa valeur apostolique particulière vient du fait que, en chacune de ses formes, est représenté un aspect du mystère du Christ, une page d'Évangile. Les fidèles qui y sont engagés ne monopolisent pas le témoignage, puisque tous les baptisés participent à la fonction prophétique du Christ, mais par leur *sequela Christi* particulière les consacrés rappellent et servent le dessein de Dieu sur les hommes (voir VC 73a), témoignent du «primat de Dieu et des valeurs de l'Évangile» (VC 84a). «Dans l'Église et dans le monde, la vie consacrée a spécialement pour mission de rendre témoignage au Christ par la vie, par les œuvres et par la parole.» (VC 109b) Jamais, cependant, leur consécration ne doit être réduite à l'état de moyen pour l'apostolat, encore moins dissociée de la mission.

Formes traditionnelles

Les formes de vie consacrée, dites traditionnelles ou anciennes, sont au nombre de cinq ou six selon qu'on inclut ou non l'Ordre des veuves. Trois sont associatives, deux ou trois sont individuelles. Chacune a comme ultime raison d'être d'incarner et de manifester avec une intensité prépondérante un trait du visage du Christ, un aspect de son service ou de son mystère. Bien que différentes, toutes comportent la pratique des conseils évangéliques, tout au moins de la chasteté dans le célibat pour le Royaume, à laquelle leurs membres s'engagent devant Dieu, à qui ils se donnent. Cet engagement constitue un lien sacré, exprimé par le «vœu» ou par ses équivalents: promesse, serment, oblation, «saint propos». Voici quelques réflexions sur chacune de ces formes.

Instituts religieux[13]

Le Code décrit l'*Institut religieux* comme «une société dans laquelle les membres prononcent, selon le droit propre, des vœux publics perpétuels, ou temporaires à renouveler à leur échéance, et mènent en commun la vie fraternelle» (can. 607, 2). Ce canon met fin à l'expérience introduite par *Renovationis causam*[14] qui permettait de s'engager, à la fin du noviciat, à la pratique des conseils évangéliques par un autre lien sacré que le vœu. L'engagement par vœu devient alors une exigence obligatoire pour tous les religieux et religieuses.

Ce même canon exige en outre, sauf exceptions (can. 665, 1), que le religieux habite «une maison légitimement

---

[13] Par exemple: Sœurs de la Sainte Famille, Augustines de la Miséricorde de Jésus, Compagnie de Jésus (Jésuites), Ordre des Frères Mineurs (Franciscains).

[14] Congrégation pour les religieux et les Instituts séculiers, Instruction *Renovationis causam*, 1969, n°s 6-7.

constituée sous l'autorité d'un supérieur désigné» (can. 608). Plusieurs Instituts, souhaitant répondre aux besoins actuels de l'Église et du monde, se questionnent sur l'interprétation à donner aux expressions: maison religieuse, maison érigée ou établie, maison légitimement constituée, vie communautaire, vie commune, cohabitation, etc. Certains se demandent en outre si le gouvernement ordinaire est obligatoirement personnel et, dans ce cas, si le mot «supérieur» ne devrait pas être remplacé par animateur, leader, serviteur, etc. Toutefois, une saine réflexion sur les structures de gouvernement et l'appellation des personnes qui exercent l'autorité doit partir non des modes passagères et des idées ambiantes, mais de l'identité de la vie religieuse et du caractère propre d'un Institut.

Quant à la vie des religieux, elle est décrite comme «la suite du Christ proposée par l'Évangile et exprimée par les constitutions de leur propre Institut» (can. 662). Alors que la vie dans l'Institut commence avec le noviciat (can. 646), l'incorporation à l'Institut et à la vie religieuse proprement dite débutent avec la profession religieuse (can. 654). En outre, la vocation à la vie religieuse est toujours reliée à la forme de vie d'un Institut, dont la spécificité est déterminée par un charisme particulier. On ne doit donc pas considérer la vocation religieuse comme un appel générique auquel s'ajouterait l'adhésion à un Institut.

Longtemps on a distingué trois types d'Instituts religieux: contemplatifs, conventuels et apostoliques. Le document *La vie fraternelle en communauté* (1994) fait référence à cette classification: «On trouve différents types de communautés religieuses, hérités des siècles passés, comme la communauté religieuse monastique, la communauté religieuse conventuelle et la communauté religieuse active ou diaconale.» (59b) Par contre, l'exhortation *Vita consecrata* ne retient que deux types d'Instituts: ceux totalement ordonnés à la contemplation et ceux voués à l'apostolat (8-9). Mais *La vie fraternelle en communauté* précise que parmi les Instituts apostoliques, certains «mettent davantage l'accent sur la vie commune, en sorte que l'apostolat dépende de la possibilité d'être ensemble, d'autres sont délibérément orientés vers la mission, et leur style de vie communautaire dépend de leur genre de mission» (59b). Ajoutons que la forme de vie de chaque Institut comprend toujours les trois dimensions essentielles de l'Église: mystique, fraternelle et apostolique, mais est structurée autour et en fonction d'une dimension, si bien que les exigences des deux autres sont perçues et vécues dans l'optique et la logique de celle-là.

En bref, les membres d'un Institut religieux ont choisi de suivre ensemble le Christ selon l'enseignement de l'Évangile, en étant fidèles au charisme fondateur et créatifs dans la manière de l'incarner et de le manifester. Ils se sont engagés par vœux publics dans une forme de vie stable approuvée par l'autorité de l'Église. Leur référence à Dieu est constitutive de leur vie et doit normalement configurer leur existence.

Instituts séculiers[15]

Chaque forme de vie consacrée comporte deux éléments essentiels: une consécration particulière, qualifiée

[15] Par exemple: Servantes de la Divine Miséricorde, Oblates Missionnaires de Marie Immaculée, Institut du Prado, Voluntas Dei.

de «nouvelle et spéciale» par Jean-Paul II (VC 31d), et sa concrétisation dans des conditions stables de vie. La consécration est un don de soi à Dieu, une concentration de l'existence sur lui et le service du Royaume, au moyen des conseils évangéliques de pauvreté, de chasteté et d'obéissance, à la pratique effective et stable desquels on s'engage par un lien sacré, et dont les obligations sont précisées dans une forme de vie. Étant vécue par les membres des Instituts séculiers dans «les conditions ordinaires du monde» (can. 714), cette consécration est dite «séculière». D'après M. Dortel-Claudot, aucun doute ne subsiste «concernant le sens à donner à l'adjectif *séculier*, tel qu'il est employé ici et dans tous les documents de l'Église. Séculier est à traduire par: ordinaire, commun, comme tout le monde[16]».

Alors que les religieux «professent» publiquement les conseils évangéliques, les membres des Instituts séculiers les «assument». Ce vocable veut simplement souligner la discrétion de leur présence et de leur activité apostolique. Contrairement à l'engagement des religieux qui se fait obligatoirement par vœu, celui des membres des Instituts séculiers peut se faire par vœu, promesse, serment. Dans tous les cas, leur consécration est totale, authentique, et sa valeur particulière tient à l'originalité et à la spécificité de son actualisation. Vécue dans les conditions habituelles du monde, elle se distingue nettement de la manière dont les religieux et religieuses la concrétisent.

---

[16] M. Dortel-Claudot, *La vie religieuse apostolique depuis Vatican II: Un témoignage*, Paris, Médiasèvres, 2005, p. 35.

Les membres des Instituts séculiers ne s'engagent pas à mener la *vie fraternelle en commun*, même s'ils reconnaissent l'importance de la communion fraternelle et la vivent. Chacun demeure dans sa propre condition: seul, dans sa famille, dans un groupe. Le seul fait de vivre avec d'autres membres ne constitue pas une vie commune. En ce qui concerne la relation à l'*argent*, chacun pourvoit à ses besoins, se donne une certaine sécurité économique. Son entrée dans l'Institut ne le libère pas de cette préoccupation commune à la plupart des humains. Pour ce qui est de l'*apostolat*, l'Institut n'ayant habituellement pas d'œuvres communes, chacun choisit son champ apostolique, l'exerce dans le monde et par les moyens ordinaires du monde: lieux, professions, activités, conditions, etc. Chacun est appelé à participer à la tâche évangélisatrice de l'Église par le témoignage de sa vie, et son aide «pour ordonner selon Dieu les réalités temporelles et pénétrer le monde de la force de l'Évangile» (can. 713, 2).

Puisqu'il vit sa consécration nouvelle sans modifier sa forme d'existence dans le monde et dans l'Église, le membre de l'Institut séculier appartient à l'état de vie consacrée tout en demeurant dans la condition du laïc[17]. Il en va de même pour le clerc qui assume les conseils évangéliques dans un Institut séculier. Sa consécration spéciale ne change pas sa condition de clerc. Ajoutons que le consacré laïc actualise et manifeste de façon particulière le

---

[17] Selon V. De Paolis, «Le code demeure dans l'ambiguïté lorsqu'il dit que [les membres des Instituts séculiers] conservent leur condition laïcale, en étant sauf leur état de vie de personnes consacrées.» («Le nuove forme di vita consacrata e le nuove forme di vita monastica», *Sequela Christi*, n° 2, 2005, p. 150)

mystère de l'Incarnation, ce qui constitue une composante et une caractéristique de sa spiritualité.

En somme, les membres des Instituts séculiers «tendent avant tout à se donner entièrement à Dieu dans la charité parfaite, gardent leur caractère propre et spécial de séculiers, afin de pouvoir exercer partout et efficacement l'apostolat dans le monde, et pour ainsi dire, à partir du monde, apostolat pour lequel ils ont été créés[18]».

Sociétés de vie apostolique[19]

Les Sociétés de vie apostolique (SVA) sont-elles une forme de vie consacrée[20]? Toute tentative de réponse doit tenir compte de la distinction entre les Sociétés dont les membres assument les conseils évangéliques par un lien sacré, et les autres. Selon *Vita consecrata*, «chez nombre d'entre elles [Sociétés de vie apostolique], les conseils évangéliques sont assumés par des liens sacrés que l'Église reconnaît expressément» (11). Puisque les membres de ces Sociétés ont une authentique consécration, actualisée dans une forme de vie stable authentifiée par l'autorité de l'Église, il est difficile de ne pas les considérer comme personnes consacrées, et leur forme de vie

---

[18] Concile Vatican II, décret *Perfectæ caritatis*, 1965, 14a.

[19] Par exemple: Filles de la Charité de Saint-Vincent de Paul, Oblates de Notre-Dame, Compagnie des Prêtres de Saint-Sulpice, Missionnaires d'Afrique (Pères Blancs).

[20] Les canonistes discutent pour savoir si les Sociétés de vie apostolique dans lesquelles les membres émettent des vœux entrent ou non dans la catégorie des Instituts de vie consacrée. Voir V. De Paolis, «Le nuove forme di vita consacrata et le nuove forme di vita monastica», p. 146.

comme forme de vie consacrée[21]. En fait, le document de la CIVCSVA, *Repartir du Christ*, situe les membres de ce type de Sociétés parmi les personnes consacrées (5b), et le décret *Perfectæ caritatis* reconnaît ces mêmes Sociétés comme des formes de vie consacrée (voir 1d).

Ce qui distingue ce groupe de Sociétés de vie apostolique des Instituts religieux et des Instituts séculiers, ce n'est pas la consécration dans sa réalité théologique, mais la forme spécifique de son incarnation et sa mission particulière dans l'Église. Ainsi, contrairement aux membres des Instituts séculiers, ceux des Sociétés de vie apostolique sont tenus à la vie fraternelle en commun. Cette composante communautaire est perçue et vécue en fonction de l'œuvre précise pour laquelle la Société a été fondée. La réalisation de cette œuvre est d'ailleurs pour les membres une des motivations de leur incorporation dans la Société. Si un jour cette œuvre disparaissait, disparaîtrait avec elle la raison d'être de la Société et, pour les membres, le sens de leur association. Ajoutons que les «sociétaires», qu'ils assument ou non les conseils évangéliques, tendent «selon leur mode de vie propre, à la perfection de la charité par l'observance des constitutions» (can. 731, 1).

La spécificité des SVA ressort davantage si on les compare aux Instituts religieux voués à l'apostolat, et dont l'activité apostolique est constitutive de leur nature. L'ultime raison d'être de ces derniers n'est pas la réalisation d'une œuvre, mais l'incarnation et la manifestation de cet

---

[21] Voir S. Recchi, «Le diverse forme di vita consacrata e le Società di vita apostolica», dans AA.VV. *Novità e tradizione nella vita consacrata*, Milano, Àncora, 2004, p. 36.

aspect du mystère du Christ privilégié par le fondateur ou la fondatrice. Il s'ensuit qu'une mutation profonde des conditions sociales et ecclésiales, qui entraîne normalement des modifications dans la manière de vivre et de révéler cet aspect, va commander des changements importants au niveau des œuvres et activités apostoliques de l'Institut, sans pour autant mettre en péril son existence, et en cause la raison fondamentale qui a motivé les personnes à s'y incorporer.

Ordre des vierges

L'Ordre des vierges est la plus ancienne forme de vie consacrée dans l'Église. Le terme «Ordre» désigne ici un simple regroupement de personnes, non une association au sens strict avec statuts et obligations communautaires. Cette forme de vie, réservée aux femmes, est individuelle et laisse les personnes dans leur condition de fidèles laïques. La vierge est libre d'habiter seule, dans sa famille, avec des compagnes, sans être astreinte à mener la vie fraternelle en commun comme doivent le faire les religieux et religieuses. La sécularité de sa consécration diffère quelque peu de celle des membres des Instituts séculiers, puisque la vierge ne cherche pas à la vivre dans l'anonymat.

La vierge est diocésaine. Admise par l'évêque au rite de la consécration, c'est devant lui qu'elle émet son «saint propos», c'est-à-dire cette déclaration solennelle de vivre dans la chasteté du célibat pour le Royaume; ce qui inclut la continence permanente. Ce «propos», bien que différent du vœu, a la même dignité que lui, puisqu'il est considéré comme un lien sacré. Mais contrairement aux membres des Instituts religieux et des Instituts séculiers, la vierge n'est tenue de professer qu'un seul des trois conseils évangéliques. Sa consécration ne l'obligeant pas à se soumettre à des supérieurs et ne supprimant pas l'autogestion de ses biens, elle demeure seule responsable de ses choix d'action et de sa sécurité économique.

Selon le canon 604, 1, la vierge épouse mystiquement le Christ Fils de Dieu et est vouée au service de l'Église. L'expression «épouse mystiquement le Christ» indique le sens fondamental de la consécration virginale, comprise comme une alliance sponsale avec le Christ. La vierge consacrée symbolise par son type d'existence l'alliance entre le Christ et l'Église, manifeste la réponse d'amour de l'Église pour son Époux, devient figure de toute l'Église. Sa mission consiste précisément à «vivre et à montrer de façon prophétique ce mystère d'amour nuptial entre le Christ et l'Église, entre le Christ et chaque âme fidèle[22]».

La vierge peut assumer diverses tâches dans l'Église et le monde, s'engager dans des activités pastorales, caritatives, apostoliques. Mais rien de cela ne lui est imposé, n'est essentiel à son état. Ce que l'autorité ecclésiale lui demande comme service primordial, c'est d'être dans l'Église un signe particulier du mystère de l'Alliance entre l'Église-Épouse et le Christ-Époux, de montrer par sa vie ce à quoi tout fidèle est appelé en vertu de son baptême:

---

[22] S. Recchi, «L'ordine delle vergini: specificità, impegni e statuto diocesano», dans AA.VV. *Novità e tradizione nella vita consacrata*, 2004, p. 109.

répondre à l'Amour par l'amour. La conscience des limites de son témoignage l'aide à vivre sa condition dans l'humilité et favorise son acceptation par les gens du milieu.

Ermites

Toute personne, qui en a la vocation, peut mener une vie d'ermite ou d'anachorète sans être obligée d'obtenir une approbation ecclésiale. Cette vie érémitique, dépourvue de reconnaissance formelle et menée par de nombreux croyants, demeure louable et fructueuse. Mais pour qu'elle devienne une forme de vie consacrée dans l'Église, un état canonique de vie reconnu et approuvé par elle, deux conditions sont nécessaires.

Il faut d'abord que l'ermite, homme ou femme, voue sa vie «à la louange de Dieu et au salut du monde» (can. 603, 1), qu'il fasse «profession publique des trois conseils évangéliques scellés par un vœu ou par un autre lien sacré entre les mains de l'évêque diocésain» (can. 603, 2). Il faut en outre que dans son propre programme de vie, approuvé par l'évêque, il précise comment il entend concrétiser l'observance des conseils évangéliques, et traduire dans le quotidien les exigences de la séparation stricte du monde, de la solitude, du silence, de la prière, de la pénitence, etc.

Alors que le Code de droit canonique ne mentionne que les ermites qui sont sous la dépendance directe de l'évêque local, l'exhortation apostolique *Vita consecrata* considère en outre «les ermites, hommes et femmes, appartenant à des Ordres anciens et à des Instituts nouveaux» (7b).

Ceux-ci peuvent mener la vie érémitique sur le territoire du monastère, de façon temporaire ou définitive, mais aussi dans tout lieu jugé favorable par l'autorité compétente des Instituts religieux concernés. On se rappelle que François d'Assise a rédigé une règle spéciale pour les frères qui, sans cesser d'être franciscains, désiraient vivre en ermites.

Selon Jean-Paul II, les ermites «témoignent de la frugalité du temps par leur séparation intérieure et extérieure du monde; ils attestent par le jeûne et la prière que l'homme ne vit pas seulement de pain, mais de la Parole de Dieu (voir Mt 4, 4). Cette vie "au désert" est une invitation pour leurs semblables et pour la communauté ecclésiale elle-même à *ne jamais perdre de vue la vocation suprême*, qui est de demeurer toujours avec le Seigneur» (VC 7b). En d'autres mots, la vie érémitique souligne et rappelle «l'essence de la vie chrétienne: vivre pour Dieu, vivre uni à lui, vivre pour lui, en faisant sa volonté et en s'abandonnant aux exigences de son amour[23]». C'est un témoignage susceptible d'aider les membres de l'Église à répondre à leur vocation de baptisés.

Veuves et veufs

Il s'agit de baptisés qui, après avoir perdu leur conjoint, consacrent leur vie à Dieu. Ils existent depuis très longtemps dans l'Église, même si le Code latin de 1983 n'en fait aucune mention, à la différence du Code oriental de 1990 qui, au canon 570, les reconnaît. Heureusement,

---

[23] J. Beyer, «Gli eremiti: statuto canonico e statuto personale», dans AA.VV., *Novità e tradizione nella vita consacrata*, 2004, p. 104.

l'exhortation *Vita consecrata* (1996) rappelle et souligne cette consécration des veuves, de même que celle des veufs. «On assiste aujourd'hui au retour de la consécration des veuves, connue depuis les temps apostoliques (voir 1 Tm 5, 5.9-10; 1 Co 7, 8), ainsi que de celle des veufs. Par leur vœu de chasteté perpétuelle pour le Royaume de Dieu, ces personnes se consacrent dans leur condition pour se donner à la prière et au service de l'Église.» (7c)

Notons que, à l'instar des vierges, les veuves et les veufs ne font que le vœu de chasteté à cause et en vue du Royaume de Dieu. Sans négliger les obligations inhérentes à leur condition, ces personnes concentrent leur existence sur la relation à Dieu et le service de l'Église. Leur forme de vie consacrée est individuelle, comme celles de la vierge et de l'ermite. Elle diffère cependant de celle de la vierge en ce qu'elle comporte habituellement des obligations familiales, et de celle de l'ermite parce qu'elle n'implique pas un retrait du monde. Ce qui spécifie la vie consacrée des veuves et des veufs, ce n'est pas la consécration elle-même, qui demeure essentiellement la même pour toute vie consacrée, mais la forme particulière dans laquelle elle est concrétisée. Les veuves et les veufs demeurent dans leur condition de laïcs même si, du moins dans les Églises catholiques orientales, ils sont dans un état canonique et stable de vie consacrée.

4
CONSÉCRATION PARTICULIÈRE ET FORMES NOUVELLES

Existe-t-il dans l'Église des formes «nouvelles» de vie consacrée, en plus des formes associatives et individuelles mentionnées au chapitre précédent? Si oui, qu'est-ce qui les caractérise et les distingue des formes traditionnelles ou anciennes? Sont-elles irréductibles aux formes officiellement reconnues à cause de la nature de leur consécration et/ou de la façon dont celle-ci est actualisée? De telles interrogations sont relativement récentes, puisque la question des nouvelles formes de vie consacrée se pose surtout depuis le concile Vatican II.

Signification

L'*Annuario pontificio* affirme qu'aux Instituts traditionnels s'ajoutent des nouvelles formes de vie consacrée «par lesquelles la bonté de Dieu enrichit son Église pour qu'elle suive son Seigneur dans un élan permanent de générosité, attentive aux appels de Dieu qui se révèle au moyen des signes des temps[1]». Ces formes nouvelles ne sont pas des

---

[1] *Annuario Pontificio 2006*, Città del Vaticano, p. 1929.

Instituts nouveaux ou des sociétés nouvelles qui s'insèreraient dans les formes officiellement reconnues. Elles ne sont pas davantage identifiables aux nouvelles formes de vie évangélique mentionnées dans l'exhortation *Vita consecrata.* Il s'agit d'expressions inédites de vie consacrée, qui ne correspondent à aucune des formes traditionnelles existantes dans l'Église et auxquelles on ne peut les réduire.

On perçoit mieux la nouveauté de certaines formes de vie consacrée en comparant leurs composantes à celles exigées par le Code pour les Instituts de vie consacrée. Les composantes théologiques requises par le canon 573 sont les suivantes: «Une forme stable de vie qui caractérise toute la vie et est pour toute la vie; implique la profession des conseils évangéliques; consiste dans une suite du Christ de plus près; a son origine dans l'action de l'Esprit; sa finalité est de se donner totalement au service de Dieu[2].» Quant aux composantes juridiques, elles se ramènent à ceci: «La profession des conseils évangéliques doit être faite dans un Institut de vie consacrée érigée canoniquement par l'autorité ecclésiastique compétente; la détermination des mêmes conseils évangéliques: il s'agit de trois, chasteté, pauvreté et obéissance; la manière d'assumer ces mêmes conseils: au moyen du vœu ou d'un autre lien sacré, selon la détermination des constitutions[3].» Pour qu'une forme de vie consacrée soit dite «nouvelle» il faut, et cette exigence est capitale, que les conditions juridiques qui traduisent la réalité théologique comportent une véritable innovation, qu'un aspect

---

[2] V. De Paolis, «Le nuove forme di vita consacrata...», p. 152.

[3] *Ibid.*

du mystère du Christ soit exprimé dans un type original d'existence. Les aspects du mystère du Christ étant très nombreux, ils peuvent susciter une multitude de façons d'organiser et de vivre la vie consacrée. Il est clair, cependant, que la nouveauté ne porte pas sur la consécration elle-même, dans sa réalité théologique, mais sur les éléments de sa structure qui n'entrent pas dans les paramètres d'un Institut traditionnel de vie consacrée.

Approbation

«L'approbation de nouvelles formes de vie consacrée est réservée uniquement au Siège Apostolique.» (can. 605) Au sens strict, il n'existe pas de nouvelles formes de vie consacrée, associatives ou individuelles, sans cette approbation. Notons que les canonistes divergent sur le sens de l'expression *Saint-Siège*, à qui est réservée l'approbation de nouvelles formes de vie consacrée. S. Recchi pense que pour la majorité des auteurs il s'agit de la personne du Pontife Romain[4]. D'après D. J. Andrès, certains auteurs réservent cette approbation au Souverain Pontife, alors que d'autres pensent que ce pouvoir appartient à l'ensemble du Saint-Siège, à l'exclusion des évêques diocésains[5].

Les évêques ont cependant un rôle majeur à jouer en ce qui concerne les nouvelles formes de vie consacrée. Il leur revient d'accueillir et de discerner «les nouveaux dons

---

[4] S. Recchi, «Le nuove forme di vita consacrata», dans AA.VV., *Novità e tradizione nella vita consacrata*, 2004, p. 232.

[5] D. J. Andrès, «Nuove forme di vita consacrata: statuto teologico-canonico secondo il codice (can. 605)», dans *Commentarium pro religiosis et missionariis*, Fasc. I-II, 2006, p. 73-74.

de vie consacrée confiés par l'Esprit Saint à l'Église». Ce discernement est nécessaire en vue d'une authentique obéissance à l'Esprit. Il leur appartient également d'aider les «promoteurs à exprimer le mieux possible leurs projets et à les protéger par des statuts appropriés» (can. 605). Pour ce faire, les évêques peuvent utiliser les normes relatives aux associations des fidèles, mais ils doivent en particulier tenir compte de ce critère fondamental énoncé dans *Vita consecrata*: «Pour que l'on puisse parler de vie consacrée, le principe fondamental est que les traits spécifiques des nouvelles communautés et formes de vie apparaissent fondés sur les éléments théologiques et canoniques essentiels, qui sont le propre de la vie consacrée.» (62c) La qualité de ces projets et leur reconnaissance épiscopale ne les font pas entrer automatiquement dans la catégorie des formes officielles de vie consacrée, leur approbation par le Saint-Siège étant nécessaire et décisive.

Et cette approbation ne leur est donnée que s'ils contiennent, redisons-le, les éléments théologiques essentiels à toute vie consacrée, à savoir la suite du Christ par la profession des conseils évangéliques concrétisée dans une forme stable de vie. À ces éléments constitutifs et immuables de la vie consacrée doivent s'ajouter un lien sacré par lequel ces conseils sont assumés; des lois précisant la portée du lien; l'érection canonique par l'autorité ecclésiastique[6].

Consécration

En réservant l'approbation des nouvelles formes de vie consacrée uniquement au Saint-Siège, le canon 605 qui

---

[6] S. Recchi, «Le nuove forme...», p. 236-237.

prévoyait déjà leur existence, était ouvert à leur apparition et à leur reconnaissance. De son côté, l'*Instrumentum laboris* constate que «de nouvelles expressions de la vie consacrée, qui ne se ramènent pas à celles qui existent déjà, sont aujourd'hui en formation». Le document précise quelques-unes de leurs caractéristiques: la composition «d'hommes et de femmes, les formes renouvelées de participation à la vie commune et au gouvernement, la flexibilité de structures, le caractère plus dynamique de l'organisation en vue de la mission» (13e).

Au synode sur la vie consacrée, les évêques ont proposé que soient retenues comme nouvelles formes de vie consacrée uniquement celles qui renferment les éléments théologiques et canoniques essentiels, même si elles comportent d'autres éléments spécifiques propres (proposition 13a). Pour sa part, le pape a demandé que soit créée «une Commission pour les questions concernant les nouvelles formes de vie consacrée, afin d'établir des critères d'authenticité qui soient utiles au discernement et aux décisions» (VC 62e). Notons ce qui semble aujourd'hui ne faire aucun doute: «Quand l'exhortation parle de nouvelles formes de vie consacrée, elle se situe à l'intérieur de la terminologie du Code de droit canonique[7].»

D'après l'*Annuario pontificio*, il existe actuellement six nouvelles formes de vie consacrée. Je les présente selon l'ordre chronologique de leur approbation pontificale[8]. Les précisions relatives à chacune sont tirées d'un

---

[7] S. Recchi, *ibid.*, p. 231.

[8] *Annuario pontificio 2006*, Città del Vaticano, p. 1732-1733.

excellent article de G. Rocca[9]. Voici la liste de ces formes nouvelles.

— La *Société du Christ Seigneur*, fondée au Canada sous le nom de *Leunis*, et approuvée en 1993 sous son titre actuel comme Institut de vie consacrée de droit pontifical.

— L'*Association des vierges consacrées*, dites *servantes*, fondée en Argentine en 1952, et approuvée en 1995 comme une communauté de vierges consacrées.

— Les *Œuvres de l'Église*: fondée en Espagne en 1963, et approuvée en 1997 comme «Famille ecclésiale de vie consacrée».

— La *Famille monastique de Bethléem, de l'Assomption de la Bienheureuse Vierge Marie et de saint Bruno*: la communauté féminine est fondée en 1967 et la masculine en 1976; les deux sont approuvées en 1998 comme un seul Institut, et comme «Famille monastique» dont chaque rameau conserve son autonomie.

— La *Fraternité missionnaire* «Verbum Dei» est approuvée en 2000 comme une unique fraternité de vie consacrée, dénommée *Verbum Dei* et possédant trois rameaux autonomes.

— Les *Œuvres*: fondée en Belgique en 1938 et composée d'une communauté de prêtres et d'une communauté de femmes consacrées, elle est approuvée en 2001 comme «Famille de vie consacrée».

---

[9] G. Rocca, «Nuove forme di vita consacrata: le nuove comunità», *Informationes*, nº 30, 2004, p. 122-123.

Composition

Dans les formes traditionnelles de vie consacrée, seules sont membres de plein droit les personnes qui assument les conseils évangéliques ou, tout au moins, l'engagement dans le célibat pour le Royaume. Cette condition est-elle également requise pour devenir membres des nouvelles formes de vie consacrée? A-t-on élargi le concept de vie consacrée au point d'y inclure les époux? À cette question, l'autorité de l'Église apporte une réponse qu'elle présente comme définitive.

Dans les années 1970, plusieurs désiraient que les personnes mariées soient admises dans les Instituts séculiers comme membres au sens strict. En 1976, la CIVCSVA a refusé cette ouverture en soulignant que la valorisation de la vie chrétienne des époux doit se fonder sur le sacrement du mariage, non sur les conseils évangéliques[10]. Malgré cela, en 1994, l'*Instrumentum laboris* s'interrogeait «sur la possibilité, l'opportunité et les conditions d'une reconnaissance spécifique par l'Église d'une forme stable de vie selon les conseils évangéliques, quand il s'agit de conjoints» (38d).

Nous avons signalé plus haut que, au synode sur la vie consacrée (1994), les évêques ont proposé de ne considérer comme nouvelles formes de vie consacrée que celles dans lesquelles on retrouverait les éléments théologiques et canoniques considérés comme essentiels par l'autorité de l'Église. Ils en concluaient que doivent être

---

[10] Cette Congrégation a par ailleurs accepté la possibilité d'approuver un institut unique, composé d'hommes et de femmes, régi par un unique ensemble de règles, et gouverné par un homme ou une femme (voir G. Rocca, «Nuove forme di vita consacrata...», p. 125).

exclues de la vie consacrée les personnes mariées, même si elles font vœu de chasteté conjugale, de pauvreté et d'obéissance (proposition 13a). Dans l'exhortation *Vita consecrata*, le pape fait sien le contenu de cette proposition. «On ne peut faire entrer dans la catégorie spécifique de la vie consacrée les formes d'engagement, cependant louables, que des couples chrétiens prennent dans certaines associations ou mouvements ecclésiaux, lorsque, dans l'intention de porter à la perfection de la charité leur amour déjà en quelque sorte "consacré" dans le sacrement du mariage, ils confirment par un vœu le devoir de la chasteté propre à la vie conjugale et, sans négliger leurs devoirs envers leurs enfants, ils professent la pauvreté et l'obéissance.» (62d)

Les époux ne sont donc pas considérés comme faisant partie de la vie consacrée, le célibat étant une exigence inhérente à ce type de vie chrétienne. «Être époux et être personnes consacrées dans la profession des conseils évangéliques est une *contradictio in terminis*[11].» D'ailleurs, une vie consacrée sans l'engagement au célibat est aujourd'hui inimaginable. Et il n'est pas sûr que, dans le passé, les Ordres chevaleresques en particulier aient eu des religieux mariés[12]. Rien cependant n'empêche les époux de partager le charisme de telle ou telle

---

[11] V. De Paolis, «Le nuove forme di vita consacrata...», p. 155.

[12] «La terminologie d'alors n'était pas aussi précise que celle d'aujourd'hui et la théologie de la vie consacrée était insuffisamment développée. Du reste il n'est pas impossible de penser qu'une communauté ait pu compter des personnes consacrées et des non consacrées. Mais dans ce cas il ne s'agirait pas à proprement parler d'un Institut de vie consacrée, et surtout la consécration n'appartiendrait pas aux personnes mariées.» (*Ibid.*, p. 160, note 7)

forme de vie consacrée, de participer à sa spiritualité et à sa mission comme agrégés, associés ou à d'autres titres. Ils peuvent également devenir membres de plein droit d'une association de fidèles, d'une communauté nouvelle, d'une famille spirituelle.

Illustration

La première forme nouvelle de vie consacrée a été approuvée par le Saint-Siège en 1993 comme «Institut de vie consacrée de droit pontifical». Il s'agit de la «Société du Christ Seigneur», fondée au Canada en 1951 par Ludger Brien, s.j. À la lecture des Constitutions de la Société, on perçoit la nette différence de cette forme de vie avec celles des Instituts traditionnels de vie consacrée. Voici ses principales composantes.

Membres[13]

Faisant partie d'un seul et même corps, les membres prennent des engagements divers, sans pour autant constituer des catégories différentes. Les *Permanentes* et les *Associées* sont uniquement des femmes. Elles s'engagent à vivre les conseils évangéliques selon les Constitutions et promettent de se garder disponibles aux buts et œuvres de la société. Les *Auxiliaires*, comprenant des femmes, et des hommes dont des clercs, émettent le même engagement et font la même promesse. Quant aux *Affiliés*, ce sont des femmes et des hommes, célibataires, gens ma-

---

[13] Les membres de la Société sont en 2007 au nombre de 115.

riés et clercs, qui s'engagent à une vie s'inspirant le plus possible de l'esprit de la Société et promettent de coopérer de leur mieux à ses buts et à ses œuvres. En 1987, la Société s'adjoint des *membres agrégés*. Il s'agit de chrétiens qui se sentent en communion avec elle et s'intéressent à ses œuvres. Ils s'engagent à prier pour la Société et ses œuvres, à observer les Constitutions concernant une vie de prière, l'amour de l'Église et les valeurs reliées au charisme de la Société.

Chasteté

Les membres des quatre premiers groupes se consacrent à Dieu par l'engagement à vivre les conseils évangéliques selon les Constitutions. Mais seuls les *Permanentes*, les *Associées* et les *Auxiliaires*, qui s'engagent à la chasteté dans le célibat, reçoivent cette consécration que Jean-Paul II qualifie de «nouvelle et spéciale» dans l'exhortation *Vita consecrata* (31d). La raison en est que, d'après l'enseignement constant de l'Église, le célibat pour le Royaume est considéré à «bon droit comme la "porte" de toute la vie consacrée» (VC 32c). Quant aux *Affiliés*, qui s'engagent à tendre «à la qualité de chasteté que requiert leur état», ils ne reçoivent pas cette consécration particulière, même s'ils se lient par une certaine consécration.

Ce qui ne veut pas dire que leur chasteté soit de qualité inférieure à celle des «eunuques pour le Royaume». La différence n'est pas du côté de la qualité, puisque tous les disciples du Christ sont appelés et doivent tendre à la perfection de la vertu de chasteté, mais du côté de la forme, de la manière de vivre cette vertu. C'est dans cette optique d'ailleurs que le Conseil pontifical pour la famille a présenté la différence entre l'amour virginal et l'amour conjugal: «L'amour virginal aussi bien que l'amour conjugal, qui sont [...] deux *formes* dans lesquelles se réalise la vocation de la personne à l'amour, requièrent pour se développer un engagement à vivre la chasteté, selon le mode propre à chacun d'eux[14].»

Pauvreté

Sur ce point, la dissemblance avec les autres Instituts de vie consacrée est très marquée. Les *Permanentes*, par exemple, déposent d'abord au compte de la Société tous leurs biens; gardent la propriété de leurs dépôts durant leur première et deuxième probations, mais en cèdent les intérêts à la Société; cèdent également à la Société tous leurs revenus lorsqu'elles se lient par un engagement annuel; font cession de tous leurs biens à qui elles le désirent quand elles sont admises à leur consécration perpétuelle. De plus, elles se consacrent à temps plein et sans rémunération aux tâches que la Société leur confie. Celle-ci, en retour, leur assure la subsistance et la sécurité sociale,

Les *Associées* ont le même engagement que les *Permanentes*, à cette différence qu'elles ont un travail professionnel ou autre, et qu'elles remettent tout leur salaire à la Société. Les *Auxiliaires* (femmes et hommes) déterminent la part de leurs revenus ou de leurs biens à attribuer à la

---

[14] «Vérité et signification de la sexualité humaine», *Documentation catholique*, n° 93, 1996, p. 210, note 16.

Société ou à d'autres fins; peuvent déposer au compte de la Société les sommes dont ils désirent céder les intérêts; peuvent faire cession partielle ou totale de leurs biens à la Société lorsqu'ils ont fait leur consécration perpétuelle. Dans le cas d'une cession totale, la Société assume leur subsistance et leur sécurité sociale. Les *Affiliés* ont le même engagement que les *Auxiliaires* et, comme eux, ils conservent la propriété et l'administration de leurs biens.

Tous les membres de la Société choisissent des vêtements qui allient simplicité, modestie et bon goût; témoignent de la simplicité évangélique dans le choix et l'aménagement des maisons de la Société et des logements; s'engagent à un usage dépendant et limité des biens matériels; soumettent leur budget tous les trois mois, rendant compte de leurs revenus et dépenses. Les membres mariés doivent d'abord pourvoir à leurs obligations familiales.

Obéissance

Les *Permanentes* et les *Associées* soumettent à l'approbation de leur Responsable leur apostolat et leurs autres activités, ainsi que l'horaire habituel de leurs journées et l'emploi de leurs loisirs. Les *Auxiliaires* et les *Affiliés* lui soumettent toute décision importante concernant leur vie, leur apostolat et leurs autres activités. Aucune restriction n'est faite aux membres mariés concernant l'autonomie de leur foyer ou leurs obligations familiales. Tous les membres se soumettent aux ordres et aux orientations de leurs Responsables en qui ils reconnaissent des aides providentielles pour discerner la volonté de Dieu.

Manière de vivre

À l'exception des époux qui ont leurs propres demeures, les hommes et les femmes habitent des demeures distinctes et, de préférence, vivent en équipes fraternelles. Ces équipes, qui se veulent des lieux de partage et de prière, forment une seule et même communauté. Mais les membres *Auxiliaires* et *Affiliés* peuvent choisir de vivre seuls ou dans leur famille. Dans la Société, il n'y a pas d'horaire commun, de prière commune à des moments fixes. Chacun établit son horaire de vie avec la personne responsable en tenant compte des exigences de la vie fraternelle.

Charisme et spiritualité

Le terme charisme n'apparaît qu'une fois dans les Constitutions, et c'est dans le Décret d'approbation de la Société comme Institut de vie consacrée. Dans le document *Repartir du Christ*, il est défini comme une «interprétation particulière de l'Évangile donnée par les fondateurs et fondatrices, dociles au souffle de l'Esprit» (24f). En d'autres mots, c'est la perception de la totalité du mystère du Christ sous un aspect particulier. De toute évidence, le charisme de la Société du Christ Seigneur, c'est la Seigneurie universelle du Christ. Il est explicité par le Fondateur dans plusieurs *Déclarations* qu'il a écrites pour les membres.

Le Fondateur, qui a composé la «petite prière[15]», l'a présentée comme «une expression privilégiée du charisme

---

[15] «Seigneur Jésus, apprends-moi à tout faire avec calme, avec soin, avec joie, par amour, en union avec Marie, ta Mère et la mienne.» (*Constitutions*, art. 37)

de la Société du Christ Seigneur[16]». Depuis, les membres la vivent «pour se garder constamment sous la Seigneurie du Christ», en plus de la considérer comme l'axe principal de la spiritualité de l'Institut, qui est ignatienne. Marie est leur modèle.

Mission

La vie de chaque membre doit être convertie en apostolat. Tous «se vouent à l'avènement sur la terre de la Seigneurie du Christ», participent à «la consécration du monde au Christ ressuscité». S'ils demeurent attentifs et disponibles aux besoins du monde et de l'Église, ils ont comme œuvres prioritaires pour réaliser cette mission: l'édification et l'animation de communautés évangéliques, la promotion de la spiritualité ignatienne, la diffusion de la pensée de l'Église. Certains s'y consacrent à temps plein; d'autres y collaborent dans la mesure de leur disponibilité.

Diversité

Si l'unité fondamentale des membres s'enracine dans le charisme fondateur, la spiritualité ignatienne et la mission particulière, leur diversité se fonde sur celle des vocations personnelles et des fonctions. Ce qui entraîne une pluralité d'appartenance ou, si l'on préfère, une appartenance à des titres différents. De là découle une diversité normale relative aux droits et aux obligations. Par exemple, seules

---

[16] L. Brien, s.j., *À l'école du Seigneur Jésus*, Centre Leunis, 1990, p. 7, note 9.

des femmes peuvent être élues Responsable générale et Assistantes. Mais tous les membres qui ont fait une consécration perpétuelle peuvent être élus comme délégués à l'Assemblée générale. Ils peuvent aussi élire ces délégués. Les obligations contractées par chaque groupe de membres sont diverses, de même que celles de la Société à leur égard.

Famille «Mater Christi»

Il s'agit d'une Famille spirituelle, également qualifiée d'ecclésiale et ignatienne. Elle comprend la *Société du Christ Seigneur*, les *Fraternités Foi et Vie* qui sont une association publique de fidèles fondée en 1984, les *Équipes Pierres vivantes* pour des jeunes et des adultes, les *Étoiles* «Mater Christi» pour les jeunes de 7-9 ans et 10-13 ans, les *Petites étoiles* pour les 5-6 ans. Les membres de cette Famille partagent le même charisme, vivent la même spiritualité, poursuivent des objectifs communs, utilisent des moyens semblables de formation.

Concluons ce chapitre en rappelant que les nouvelles formes de vie consacrée, dont l'approbation est réservée au Siège Apostolique et le nombre actuellement de six, ne se distinguent pas des Instituts traditionnels par leur engagement à pratiquer les conseils évangéliques, mais par la traduction de cet engagement dans un type original d'existence. La nouveauté porte sur la forme de consécration, le caractère inédit de ses composantes juridiques, la diversité des membres, leur manière de participer à la vie et à la mission du groupe, la flexibilité des structures, le type de gouvernement, etc.

5
CONSÉCRATION PARTICULIÈRE ET ASSOCIATIONS DE FIDÈLES

Dans les associations de fidèles, qu'elles soient de fait, privées (reconnues[1]) ou publiques (érigées[2]), existe-t-il une consécration qui soit substantiellement identique à celle des personnes officiellement reconnues comme «consacrées», et que l'exhortation *Vita consecrata* qualifie de consécration «nouvelle et particulière» (30), de «nouvelle et spéciale» (31d)? Le type d'existence des membres de ces associations peut-il être considéré comme une forme canonique de vie consacrée? Étant donné que les associations des fidèles diffèrent des groupes, des communautés nouvelles et des mouvements ecclésiaux, il est pour le moins utile, dans le but d'éviter de stériles confusions, de définir ces diverses réalités, surtout celle désignée par le terme «association». Il est par ailleurs

---

[1] Par exemple: Famille «Marie-Jeunesse», Communauté des Béatitudes.

[2] Par exemple: Famille «Myriam Beth'léhem», Communauté du Chemin neuf.

nécessaire de distinguer les trois sortes d'associations considérées dans ce chapitre.

Définitions

En 1981, la Commission épiscopale pour l'apostolat des laïcs définit les *associations* comme des «agrégations qui ont une structure organique et institutionnelle caractérisée tant par la composition des organes directeurs que par l'adhésion des membres». Cette définition, quelque peu difficile il faut l'avouer, est reprise en 1993 par la Commission épiscopale pour le laïcat[3].

Une association est dite *de fait* lorsqu'elle n'a aucun statut juridique dans l'Église. Une lettre de bienvenue ou

---

[3] Voir A. PERLASCA, «Le dimensioni dei membri delle associazioni sorte per divenire istituti di vita consacrata», *Informationes*, n° 1, 2003, p. 72-73. Dans son document, la Commission épiscopale présente deux autres définitions. D'abord celle des *mouvements*. Ce sont des «réalités agrégatives dans lesquelles l'élément unificateur n'est pas tant une structure institutionnelle que l'adhésion vitale à quelque idée forte et à un esprit commun». Puis la définition des *groupes*. Ce sont des «agrégations de types variés qui sont caractérisées par une certaine spontanéité d'adhésion, une large liberté d'auto-configuration et de dimension un peu réduite qui permettent une plus grande homogénéité entre les adhérents» (*Ibid.*, p. 73). Quant aux *communautés nouvelles*, l'exhortation *Vita consecrata* les décrit ainsi: ce sont des «groupes d'hommes et de femmes, de clercs et de laïcs, de personnes mariées et célibataires, qui suivent un mode de vie particulier, inspiré parfois par l'une ou l'autre des formes traditionnelles ou bien adapté en fonction des exigences de la société actuelle. Leur engagement de vie évangélique s'exprime aussi sous des formes différentes, tandis que se manifeste, comme orientation générale, une aspiration intense à la vie communautaire, à la pauvreté et à la prière. Des clercs et des laïcs participent au gouvernement suivant leurs compétences. Les visées apostoliques s'ouvrent aux nécessités de la nouvelle évangélisation» (62b).

d'accueil de la part de l'Évêque diocésain ne constitue pas une telle reconnaissance, même si elle peut être légitimement interprétée comme une recommandation ou une approbation tacite. Par ailleurs, une association est reconnue ou *privée* lorsque ses statuts sont officiellement «reconnus» par l'autorité ecclésiastique (can. 299, 3). Cette association «conserve substantiellement toute sa liberté de vie et d'organisation, selon les prescriptions des statuts, désigne librement ses propres modérateurs, administre librement ses propres biens, tout en demeurant sous la garde vigilante de l'autorité ecclésiastique[4]». Une association de fidèles est érigée ou *publique* lorsque ses statuts sont «approuvés» par un décret formel du Saint-Siège, de la Conférence épiscopale ou de l'évêque diocésain (can. 312). Quand il est émis par l'évêque du siège principal de l'association, ce décret vaut pour les autres diocèses où s'implante l'association. Le consentement des évêques de ces diocèses est alors exigé, et il doit être donné par écrit (can. 312, 2).

L'association *publique* est soumise de façon plus étroite que l'association privée au contrôle de l'autorité ecclésiastique qui l'a érigée, et cela relativement entre autres à l'acquisition, l'administration et l'aliénation de ses biens. Par ailleurs, contrairement à l'association de fait ou privée, elle est autorisée à «enseigner la doctrine chrétienne au nom de l'Église» (can. 301, 1), à entreprendre de sa propre initiative des projets conformes à son caractère propre (voir can. 315). En somme, «face à l'autorité épiscopale, les associations de fait ou privées jouissent d'une autonomie moins grande que les associations publiques, pour ce qui est de leurs

[4] S. Recchi, «Le nuove forme...», p. 228.

initiatives apostoliques; alors qu'elles jouissent d'une autonomie plus grande pour ce qui est de leur vie interne et de leur organisation[5]». C'est sans doute une des raisons pour lesquelles certaines associations préfèrent demeurer privées.

Appartenance

Aux associations de fidèles peuvent appartenir, et de plein droit, des hommes et des femmes, des célibataires et des époux, des clercs et des laïcs[6]. L'état de vie de ces personnes, leur sexe et leur profession, sans être secondaires, ne constituent pas, du moins a priori, des frontières dans leurs relations mutuelles. Étant disciples du Christ, membres de l'Église catholique, ces personnes répondent habituellement à une vocation divine lorsqu'elles désirent

---

[5] M. DORTEL-CLAUDOT, «Les communautés nouvelles», dans *Vie érémitique, érémitisme, consécration des vierges, communautés nouvelles*, Paris, Cerf, 1993, p. 238. G. Feliciani précise: «Pour les associations publiques, l'autorité se réserve l'approbation des statuts, la nomination du chapelain ou de l'assistant ecclésiastique, ainsi que, normalement, la confirmation, l'institution ou la nomination du modérateur; elle contrôle l'administration des biens, qui sont des biens ecclésiastiques, avec tous les effets juridiques que cette qualité entraîne; elle a la faculté de désigner un commissaire pour diriger l'association et de révoquer le modérateur; elle possède un large pouvoir de dissolution.» (G. FELICIANI, «Quel statut canonique pour les communautés nouvelles?», dans le Collectif, *L'Église dans la mondialisation, l'apport des communautés nouvelles*, éd. de l'Emmanuel, 2001, p. 92-93.

[6] Selon M. Dortel-Claudot, des non-baptisés peuvent être membres «sympathisants», mais non membres à part entière d'une association de fidèles. Quant aux frères séparés, ils peuvent faire partie d'une association de fait ou d'une association privée, mais ne peuvent être membres à part entière d'une association publique, sinon à certaines conditions et selon certaines modalités (voir «Les communautés nouvelles», p. 240).

vivre plus radicalement l'Évangile, selon la manière spécifiée par le «charisme fondateur», et témoigner ainsi d'un aspect du mystère du Christ. Leur engagement a, «comme orientation générale, une aspiration intense à la vie communautaire, à la pauvreté et à la prière» (VC 62b).

Il existe diverses façons d'être incorporé à une association de fidèles. Par un simple lien contractuel qui oblige à vivre les statuts selon les exigences déterminées pour ce type d'appartenance. Cet engagement, qui est de nature sociale, ne doit pas être pris à la légère, assumé sans réflexion suffisante, abandonné sans motif sérieux.

On peut aussi être incorporé à une association de fidèles en s'engageant par vœu, promesse ou serment à la pratique d'un ou de plusieurs conseils évangéliques, engagement qui est reçu par l'autorité légitime, en l'occurrence le ou les responsables du groupe. Une question pourtant n'est pas encore résolue: est-ce bien «au nom de l'Église» que cette autorité reçoit l'engagement[7]? Considéré par certains comme un lien sacré, cet engagement ne l'est pas par le droit de l'Église. Sur le plan canonique, en effet, seul l'engagement pris à l'intérieur des formes institutionnelles de vie consacrée constitue un lien sacré. Ceci étant dit, j'utiliserai quand même l'expression «lien sacré» pour qualifier l'engagement par vœu ou ses équivalents, puisqu'il est pris devant Dieu.

Dans une association de fidèles, le vœu n'est pas public au sens du can. 1192, 1: «Le vœu est public s'il est

---

[7] Pour G. Feliciani, «Il est clair que jusqu'à maintenant aucun président ou modérateur d'associations de fidèles n'a reçu une telle faculté.» («Quel statut canonique...», p. 100)

reçu au nom de l'Église par le Supérieur légitime; sinon il est privé.» Pour l'autorité de l'Église, il n'y a de vœux publics que dans les formes traditionnelles ou nouvelles de vie consacrée. Quant au vœu privé, il est dit «strictement privé» lorsqu'il reste une affaire intime entre la personne et Dieu. Il est alors préférable que ce vœu ne soit pas émis pendant la messe, ni reçu par un membre du clergé. Dans une association de fait, de même que dans les associations privée et publique dont les statuts ne mentionnent pas la possibilité de faire des vœux, le vœu est strictement privé. Par contre, dans les associations privées ou publiques dont les statuts prévoient la possibilité d'émettre des vœux, le vœu n'est plus strictement privé mais, selon A. Guttierez, il est «privé reconnu» ou «privé de for externe».

Compte tenu qu'on fait toujours vœu de quelque chose, il est indispensable que le vœu, la promesse ou le serment ait une matière déterminée, un objet précis. Cet objet est clair lorsqu'il s'agit du célibat à cause et en vue du Royaume. Par contre, les droits et les devoirs relatifs aux vœux de pauvreté et d'obéissance doivent être nettement définis dans les statuts des associations privées et publiques, de même que la manière de les vivre, sinon on ne peut vouer ces deux conseils évangéliques. Le vœu de ces deux conseils est à proscrire dans une association de fait puisque ses statuts ne sont soumis à aucun contrôle de l'autorité ecclésiale[8]. La manière de percevoir et

---

[8] «Tout vœu de pauvreté ou d'obéissance est à proscrire dans une association simplement de fait. Dans celle-ci ne peuvent être envisagés que des vœux strictement privés de célibat.» (M. Dortel-Claudot, «Les communautés nouvelles», p. 229)

de vivre la pauvreté et l'obéissance, telle que précisée dans ces statuts, pourrait non seulement être ambiguë, mais constituer un moyen d'exploitation et d'aliénation des personnes. Le seul fait que la pratique de la pauvreté et de l'obéissance soit plus exigeante dans certaines associations *de fait* que dans nombre d'Instituts de vie consacrée ne lui confère pas automatiquement une qualité évangélique, ne constitue pas nécessairement un authentique chemin de croissance humaine et chrétienne.

Consécration

Nombreux sont les membres d'associations de fidèles qui s'engagent par vœu ou ses équivalents à la pratique effective et stable des conseils évangéliques, alors que d'autres les pratiquent individuellement ou communautairement sans lien sacré ni profession. De plus, tous ne concrétisent pas leur engagement de façon identique, même dans le groupe de ceux qui s'engagent par vœu. Ainsi, les époux ne vivent pas leur chasteté de la même manière que les célibataires ayant promis le célibat pour le Royaume. Les parents, dans la pratique de la pauvreté et de l'obéissance, doivent respecter leurs obligations à l'égard des enfants.

L'engagement que prennent des membres d'associations de fidèles à pratiquer les conseils évangéliques peut-il être considéré comme une vraie profession? La question n'est pas sans importance puisque, selon le can. 573, 1, la consécration particulière se réalise précisément par la profession des conseils évangéliques. Celle-ci est «l'élément consécratoire fondamental». Alors que le terme «assomption» est utilisé par les membres des Instituts séculiers et des Sociétés de vie apostolique pour désigner leur engagement, le mot «profession» est généralement employé par les membres des Instituts religieux pour signifier la pratique effective et stable des conseils évangéliques.

Mais ce mot s'applique-t-il aussi aux personnes qui, dans les associations de fidèles, s'engagent par un lien sacré à la pratique des conseils évangéliques? Selon S. Recchi, «on peut légitimement parler d'une profession des conseils, même si le terme n'inclut pas la signification canonique qu'il prend à l'intérieur des Instituts de vie consacrée[9]». L'auteur précise que le Code ne comprend pas toujours l'expression «profession des conseils» dans un sens univoque. Pour les religieux et religieuses, par exemple, le mot «profession» inclut en outre le sens de témoignage public et visible[10].

Doit-on en conclure que les membres des associations des fidèles, lorsqu'ils professent les conseils évangéliques, sont des personnes consacrées, non dans le sens de la consécration «baptismale», ce qui est un présupposé, mais dans celui de la consécration «nouvelle et spéciale» (VC 31d)? Cette consécration, redisons-le, possède une composante théologique et une composante juridique. La première est liée à la pratique effective et stable des conseils évangéliques, au moins du célibat; la seconde à son institutionnalisation au sein de l'Église. Deux composantes qu'il faut distinguer, sans toutefois les opposer. L'essentiel de la consécration «nouvelle et spéciale» réside dans la pratique des

---

[9] S. Recchi, «Assunzione dei consigli evangelici e consacrazione di vita nelle associazioni», dans AA.VV. *Novità e tradizione nella vita consacrata*, Àncora, 2004, p. 204.

[10] *Ibid.*, p. 203-204.

conseils, perçue et vécue comme une réponse d'amour à l'Amour. Quant aux facteurs juridiques, ils ne peuvent à eux seuls constituer une telle consécration, leur rôle étant d'exprimer et de servir la réalité théologique. Il n'y a donc pas de consécration «nouvelle et spéciale», dans le sens de l'exhortation *Vita consecrata*, là où la réalité théologique fait défaut.

En tenant compte de cette distinction, on peut conclure, avec V. De Paolis, que «les personnes qui professent les conseils évangéliques sont des personnes consacrées au point de vue théologique[11]». Ce que S. Recchi exprime en d'autres termes: «Nous avons considéré la consécration des membres des associations du point de vue de ses composantes majoritairement théologiques et avons mis en lumière que, de ce point de vue, il n'y a pas de différence substantielle avec ce qui est prévu au can. 573, 1[12].» En somme, les membres des associations de fidèles qui vouent les conseils évangéliques de chasteté dans le célibat, de pauvreté et d'obéissance sont des personnes consacrées, et leur consécration, sur le plan théologique, est fondamentalement identique à celle des membres des formes de vie consacrée approuvées par le Saint-Siège. On peut donc qualifier de «laïcs consacrés» les membres laïques des associations de fidèles qui prennent un tel engagement. On peut aussi utiliser cette expression pour désigner les personnes associées à un Institut de vie consacrée ou à une Société de vie apostolique qui s'engagent par un lien sacré à la pratique de la

[11] V. De Paolis, «Gli istituti religiosi», dans AA.VV., *Novità e tradizione nella vita consacrata*, Àncora, 2004, p. 41.

[12] S. Recchi, «Assunzione dei consigli...», p. 205.

chasteté dans le célibat pour le Royaume. Dans les deux cas, toutefois, l'engagement de ces personnes ne les introduit pas dans l'état canonique de vie consacrée.

Forme

Pour traduire les différentes manières dont les membres des associations de fidèles vivent leur consécration, on pourrait utiliser les formules: «nouvelles expressions de vie consacrée» (IL 13e), «formes de consécration de vie» (IL 38c), «nouvelles formes de vie évangélique» (VC 62). On pourrait également les exprimer par «formes reconnues de vie consacrée», lorsque leurs statuts, sans être approuvés par le Saint-Siège comme forme nouvelle de vie consacrée, mentionnent l'engagement par vœu à pratiquer les conseils évangéliques et sont reconnus ou approuvés par l'autorité ecclésiastique légitime. Et si l'on tient à conserver l'expression «formes nouvelles de vie consacrée», il serait important, par souci de transparence, d'indiquer qu'il ne s'agit pas de «formes nouvelles» officiellement approuvées par le Siège Apostolique.

Actuellement, dans le langage canonique de l'Église, «il n'y a de vie consacrée que s'il y a profession du conseil évangélique de chasteté dans le célibat pour Jésus Christ, et si, en outre, cette profession est prononcée dans une forme de vie officiellement reconnue par elle comme forme de vie consacrée (c. 599)[13]». En effet, l'expression

---

[13] M. Dortel-Claudot, «Les communautés nouvelles», p. 225. Dans le même sens, Perlasca écrit: «Le canon qui définit la vie consacrée dans l'Église (can. 573; voir aussi can. 207, 2), ne reconnaît comme telle

«vie consacrée» renvoie normalement aux formes traditionnelles et nouvelles de vie consacrée présentées dans les deux chapitres précédents. Voilà pourquoi «le can. 298, 1 distingue clairement les associations, de quelque genre que ce soit, des Instituts de vie consacrée et des Sociétés de vie apostolique, même quand l'adhésion à certaines associations peut comporter la pratique des conseils évangéliques assumés par des liens variés[14]». Et l'auteur ajoute: Il «existe une distinction formelle entre les associations dans lesquelles les membres assument les conseils évangéliques et les Instituts de vie consacrée et les formes officiellement reconnues de vie consacrée[15]».

En bref, une association de fidèles dont les membres professent les conseils ne constitue pas une forme de vie consacrée, au sens du Code. Elle n'appartient pas non plus à la catégorie des nouvelles formes de vie consacrée dont il a été question au chapitre IV. Mais elle fait partie des nouvelles formes de vie évangélique ou, si l'on préfère, des «formes reconnues» de vie consacrée.

Bien que la vie consacrée dans les associations de fidèles ne soit pas reconnue comme forme canonique de vie consacrée, elle a une existence dans le monde juridique lorsque ses statuts sont approuvés par l'évêque diocésain, la conférence épiscopale ou le Saint-Siège. Ce qui lui donne une certaine légitimité dans l'Église, confère à

---

qu'une forme stable de vie dans laquelle on suit le Christ au moyen des conseils évangéliques, assumés avec un certain lien sacré, de manière publique dans l'Église et reçus par elle.» (A. Perlasca, «Le dimensioni dei membri...», p. 77)

[14] S. Recchi, «Assunzione dei consigli...», p. 198.

[15] *Ibid.*, p. 200.

sa forme de consécration une protection juridique, atteste de l'ecclésialité de ses membres. Si elle voulait devenir ce qu'on appelle au sens strict une nouvelle forme de vie consacrée, l'association devrait obtenir l'approbation du Siège Apostolique, à qui cette approbation est réservée.

Dans l'association de fidèles, reconnue ou érigée, les vœux sont des liens privés qui n'insèrent pas ses membres dans l'état canonique de vie consacrée[16]. Contrairement aux personnes qui s'engagent par vœux publics à la pratique des conseils évangéliques, les membres des associations de fidèles font de ces mêmes conseils une profession privée qui ne change pas leur statut canonique dans l'Église. Ils «demeurent pleinement et uniquement dans l'état laïque ou dans l'état de clerc diocésain, avec une fonction prophétique propre à l'intérieur de cet état[17]». Avouons que le terme «laïc», avec sa double signification (*Lumen gentium* 31a et can. 207), prête régulièrement à confusion et à discussion.

Des expressions de vie consacrée peuvent apparaître dans l'Église sans qu'elles soient officiellement reconnues comme formes de vie consacrée. En fait il existe déjà une authentique consécration dans laquelle la réalité théologique est vécue, sans que l'état de vie soit changé et sans qu'on puisse parler de «vie consacrée» au sens canonique. La présence des composantes théologiques de la

---

[16] Voir A. Perlasca, «Le associazioni nate con l'intento di diventare IVC o SVA, ulteriori riflessioni», *Informationes*, n° 1, 2004, p. 102.

[17] Z. Barbara, «L'assunzione dei consigli evangelici a partire dagli statuti delle associazioni», dans *Novità e tradizione nella vita consacrata*, Àncora, 2004, p. 216.

consécration «particulière» ne transforme pas les associations de fidèles en Instituts de vie consacrée.

En somme, dans une association de fidèles, reconnue ou érigée, les personnes qui s'engagent par vœu ou ses équivalents à la pratique des conseils évangéliques vivent à leur manière ce qui constitue la composante théologique de la consécration «nouvelle et particulière». De ce point de vue, elles ont une authentique consécration, et leur engagement est une vraie profession. Par contre, leurs vœux étant privés, même s'ils sont prononcés en public, ils n'insèrent pas dans l'état canonique de vie consacrée, et le type d'existence de ces fidèles ne constitue pas une «forme de vie consacrée» approuvée par le Siège Apostolique. Peut-on penser que les associations de fidèles, qui incluent dans leurs statuts la profession des conseils, entreront un jour dans la catégorie officielle des formes nouvelles de vie consacrée? En d'autres mots: «Est il vraiment impossible de reconnaître sa place dans l'Église à la forme de vie consacrée représentée par les membres des associations de fidèles qui assument par un lien sacré les conseils évangéliques, notamment celui de la chasteté dans le célibat[18]?» La réponse est complexe; les auteurs, incertains et prudents.

---

[18] M. Dortel-Claudot, *Communautés nouvelles et liberté d'association dans l'Église*, a.m.e., 2006, p. 51.

CONCLUSION

Nombreux sont les baptisés qui appartiennent à des associations de fidèles, les unes reconnues ou privées, d'autres érigées ou publiques. Parmi les raisons invoquées pour justifier cette appartenance, il y a une recherche spirituelle intense, un désir profond de vie fraternelle, un souci de partage spirituel et matériel, une volonté d'engagement dans la mission de l'Église surtout auprès des pauvres et des petits. En somme, ces fidèles souhaitent vivre l'idéal des premières communautés chrétiennes, traduire dans leur existence quotidienne les dimensions fondamentales de leur être chrétien qui sont les dimensions mêmes de l'Église: la relation à Dieu, la communion fraternelle, la mission évangélisatrice. Mais ils ne trouvent pas toujours dans leur église locale et diocésaine un milieu qui soutienne et favorise la réalisation de leur idéal.

Cette aspiration à une existence chrétienne plus parfaite, ce désir de vivre avec d'autres les valeurs évangéliques, de développer et d'exprimer les dimensions mystique, fraternelle et apostolique de leur être de baptisé, sont sûrement un fruit de l'Esprit. On ne peut que s'en réjouir et en rendre grâce. Mais ce qu'on croit être don de l'Esprit ne l'est pas toujours. D'où le devoir qui incombe à l'évêque de discerner les charismes et, s'il les juge authentiques, d'évaluer leurs formes d'actualisation dans l'Église. Reconnaître l'authenticité d'un charisme n'implique pas forcément d'approuver son expression ecclésiale.

Il en est qui s'interrogent, non sur le désir de ces laïcs de vivre sérieusement l'Évangile, mais sur leur manière de le faire, sur le style de vie de certaines associations de fidèles. Mgr P. Raffin, évêque de Metz, écrit: «Est-ce la volonté du Seigneur que des fidèles laïcs, appelés à vivre au cœur du monde pour le sanctifier, s'en écartent pour vivre à la manière des religieux, y compris dans des bâtiments conventuels ou monastiques, portant le cas échéant un habit semblable à celui des consacrés? Est-ce la volonté du Seigneur que des fidèles laïcs, appelés à se ressourcer dans les trois sacrements de l'initiation chrétienne, croient bon de revendiquer pour eux-mêmes des formes de consécration qui s'apparentent à celles de la vie religieuse ou des instituts séculiers? En ce qui me concerne, je suis de ceux qui pensent qu'il y a là de sérieux risques de confusion voire de déperdition spirituelle et apostolique pour l'Église tout entière. Si les laïcs fuient le monde qui est le lieu normal de leur sanctification et de leur apostolat, qui ordonnera ce monde selon Dieu? On se lamente parfois sur les effets de plus en plus ressentis d'une sécularisation malsaine, mais précisément la sécularisation n'est-elle pas due en grande partie à ce que le séculier n'est plus suffisamment habité par ceux dont c'est la vocation et la mission spécifique[1]?»

---

[1] P. Raffin, «Des laïcs consacrés?», *Vies consacrées*, 2006, n° 2, p. 102-103.

Ces questions, de même que celles qui suivent, ne tendent nullement à dévaloriser, encore moins à condamner ce que vivent les membres des associations de fidèles, mais à favoriser la poursuite de leur réflexion dans le but de clarifier davantage, si nécessaire, l'identité de leur type d'existence et la nature de leur mission spécifique dans l'Église et le monde.

Les membres des associations de fidèles qui vivent la profession des conseils, surtout lorsqu'elle est jointe à la cohabitation et à la mise en commun totale ou partielle des biens, sont régulièrement perçus dans leur milieu social comme des religieux, et leur type d'existence comme une forme officielle de vie consacrée. Cette erreur de perception serait-elle attribuable au fait que les membres de ces associations, s'ils conçoivent bien leur identité, ne réussissent pas toujours à l'exprimer adéquatement?

La consécration privée, à laquelle ces fidèles laïcs semblent tenir particulièrement, est-elle déterminante pour la réalisation de leur idéal chrétien, compte tenu du fait que, sans elle, ils peuvent tendre à la perfection de la chasteté, de la pauvreté et de l'obéissance, qui sont des valeurs humaines et chrétiennes? Leur engagement par un lien sacré à la pratique des conseils évangéliques les aide-t-il dans la poursuite de leur idéal humain et chrétien? La vie laïque et la vie religieuse sont deux formes d'existence chrétienne, deux excellents chemins de perfection et d'évangélisation. Aucune n'a besoin de copier l'autre pour acquérir une excellence objective.

La communion fraternelle est une dimension essentielle de la vie chrétienne; la cohabitation, une façon de l'actualiser. Pourquoi mener la vie commune à la manière des religieux, alors que les croyants des premières communautés chrétiennes, que l'on veut imiter, ne cohabitaient pas? Le désir de se rassembler et de vivre sous le même toit aide-t-il les membres de l'association à remplir leurs engagements de fidèles laïcs dans le monde et dans l'Église? Leur vocation particulière n'est-elle pas de gérer les choses temporelles et de les ordonner selon Dieu, de vivre dans les conditions ordinaires de la vie familiale et sociale, de rendre témoignage au Christ par le rayonnement de leur foi, de leur espérance et de leur charité (voir *Lumen gentium* 31b[2])? Tous en sont-ils suffisamment conscients? Répondent-ils mieux à leur vocation de fidèles laïcs en s'éloignant des conditions ordinaires de la vie plutôt qu'en s'y insérant?

En ce qui concerne l'avenir des associations de fidèles, certaines deviendront peut-être des Instituts de vie consacrée ou des formes nouvelles de vie consacrée officiellement approuvées. D'autres disparaîtront. Celles qui survivront comme associations de fidèles le devront sans doute à plusieurs facteurs, notamment à ceux-ci: un charisme bien identifié; son incarnation dans une forme de vie répondant aux défis et aux questions des gens du milieu; un engagement dans la communion et la mission de l'Église locale; un type d'existence qui se distingue clairement des formes actuelles de vie consacrée.

En réponse aux questions initialement posées, disons que, dans les associations privées et publiques de fidèles, les personnes qui s'engagent par un lien sacré à la

---

[2] Dans ce texte de Vatican II, le terme «laïcs» désigne «tous les fidèles en dehors des membres de l'ordre sacré et de l'état religieux» (31a).

pratique des conseils évangéliques de chasteté (célibat pour le Royaume), de pauvreté et d'obéissance, ont une consécration privée «reconnue», substantiellement identique dans son contenu théologique à celle des personnes que *Vita consecrata* qualifie de «consacrées». Mais, au plan juridique, leur forme d'existence n'entre pas, du moins pas encore, dans la catégorie des formes canoniques, traditionnelles ou nouvelles, de vie consacrée.

TABLE DES MATIÈRES

Achevé d'imprimer
en juin 2007 sur les presses de
Transcontinental Métrolitho

Imprimé au Canada — Printed in Canada